Deutschbuch

Trainingsheft für Klassenarbeiten und Lernstandstests

6

Gymnasium Nordrhein-Westfalen

Herausgegeben von
Bernd Schurf und Andrea Wagener

Erarbeitet von
Gerd Brenner, Heinz Gierlich,
Cordula Grunow, Markus Langner,
Kerstin Muth, Norbert Pabelick,
Corinna Potthoff, Tanja Rencker-Stäpeler,
Nicole Rottinghaus, Bianca Weber

Cornelsen

Inhaltsverzeichnis

Wie du mit diesem Heft für Klassenarbeiten und den Lernstandstest trainieren kannst

Liebe Schülerin, lieber Schüler,

mit diesem Trainingsheft kannst du dich gezielt auf die **sechs Klassenarbeiten** im Fach Deutsch in der 6. Klasse vorbereiten. Jedes Kapitel ist in fünf Schritten aufgebaut, mit denen du jede Klassenarbeit in den Griff bekommst.

1 *Schlage im Trainer das erste Kapitel auf und notiere hier, wie die fünf Schritte heißen.*

2 *Teilkapitel B hat verschiedene Überschriften. Finde mindestens eine weitere Überschrift im Trainer.*

E ______________________________

D ______________________________

C ______________________________

B ______________________________

A ______________________________

Klassenarbeiten vorbereiten – Aufgabentypen erkennen

3 *Finde mit Hilfe der Übersicht auf der nächsten Seite heraus, um welchen Aufgabentyp es in der nächsten Klassenarbeit gehen wird. Wenn du dir nicht sicher bist, frage deine Lehrerin oder deinen Lehrer. Markiere jeweils das Kapitel, mit dem du dich vorbereiten willst.*

4 *Lies dir zunächst nur die Überschriften und Zwischenüberschriften in deinem Übungskapitel durch. Sie benennen wichtige Teilarbeiten, die du immer wieder brauchst, um diesen Typ von Klassenarbeit zu lösen.*

Anforderungen verstehen – Operatoren erkennen

5 *Lies nun die Aufgabenstellung gründlich und unterstreiche die (Teil-)Anforderungen, die in dieser Art von Klassenarbeit erwartet und ausdrücklich genannt werden (z. B. Erzähle ..., Fasse zusammen ...).*

Stärken erkennen – aus Fehlern lernen

6 *Verschaffe dir einen Überblick, wie gut du schon bist. Schau dir dazu deine letzte Klassenarbeit dieser Art oder die Hausaufgaben zur Vorbereitung dieser Klassenarbeit an.*
- *a) Was ist dir in deiner Arbeit besonders gut gelungen? Wofür wurdest du gelobt? Wenn du zu diesen Punkten Übungen im gekennzeichneten Trainerkapitel findest, notiere dir dort ein Erkennungszeichen, z. B. ☺.*
- *b) Was war nicht so gut? Woran musst du noch arbeiten? Suche auch dazu Übungen in deinem markierten Kapitel und notiere dir dort z. B. ☹, damit du hier besonders sorgfältig arbeitest.*

Welche Aufgabentypen können dir in der Klassenarbeit begegnen? – Eine Übersicht

7 *Welcher Klassenarbeitstyp wird auf welchen Seiten geübt? Ergänze die Seitenzahlen in der Tabelle.*

	Aufgabentyp	Was ist zu tun?	Übungen	Ist geübt
1	***Erzählen,*** was man erlebt, erfahren oder sich ausgedacht hat.	Du sollst beispielsweise ein Erlebnis in der Schule, das kurz beschrieben ist, zu einer spannenden Erzählung ausgestalten.	S. 6	
	Zu Bildern etwas ***erzählen***.	Hier sollst du zu einer Bilderfolge eine spannende Erzählung verfassen, z. B. zum Thema Freundschaft.	S.	
2	Etwas sachlich ***beschreiben*** und dabei Material benutzen.	Du bekommst z. B. eine Abbildung von einem Gegenstand und sollst diesen möglichst genau beschreiben.	S.	
	Über etwas, das man beobachtet hat, sachlich ***berichten***.	Hier sollst du den Ablauf eines Geschehens, z. B. eines Sportunfalls, möglichst genau wiedergeben.	S.	
3	Zu etwas ***Stellung nehmen*** und dabei die eigene Meinung begründen.	Zu einem Thema, über das man verschiedener Meinung sein kann, sollst du öffentlich Stellung nehmen und deine Meinung mit Argumenten begründen.	S.	
4a	***Fragen*** zu einem literarischen Text ***beantworten***.	Du musst einen literarischen Text (z. B. eine Sage) untersuchen, um Fragen zum Text beantworten zu können.	S.	
4b	***Informationen entnehmen*** aus verschiedenen Texten, sie ***vergleichen*** und ***bewerten***.	Rund um ein Thema (z. B. Umwelt) sollst du in verschiedenen Materialien (Bilder, Tabellen, Texte) wichtige Informationen herausarbeiten, sie miteinander vergleichen. Dann beurteilst du, welche du in einem eigenen Text, z. B. einem Ausflugstipp, verwenden willst.	S.	
5	Einen Text ***überarbeiten***.	Hier erhältst du einen fehlerhaften Text (z. B. eine Spielanleitung oder einen Bericht), den du an einigen Punkten verbessern sollst.	S.	
6	Einen ***Text*** nach einem bestimmten Muster ***umschreiben***.	Du erhältst einen Text (z. B. eine Fabel) mit bestimmten Merkmalen und sollst diese Merkmale selbst verwenden, indem du eine Fabel zu einem neuen Thema schreibst.	S.	
	Einen angefangenen ***Text*** nach einem bestimmten Muster ***fortsetzen***.	Du bekommst hier den Anfang eines Textes, etwa einer Lügengeschichte, und sollst ihn so fortsetzen, dass niemand bemerkt, dass es nicht der Originaltext ist.	S.	

8 *Beschäftige dich immer nur mit dem Aufgabentyp, der für deine nächste Deutscharbeit verlangt wird.*
a) Unterstreiche in der Aufgabenstellung die jeweilige (Teil-)Anforderung (z. B. Beschreiben …).
b) Notiere in der Spalte ganz rechts, wenn du das Kapitel gelöst hast. Du kannst auch durch ein ☺ oder ☹ markieren, wie leicht bzw. schwer dir der Aufgabentyp fällt. Das Lösungsheft hilft dir bei der Einschätzung.

Den Trainer entdecken und richtig nutzen

Dieses Trainingsheft enthält nicht nur Übungen und Aufgaben, sondern auch viele nützliche Hilfestellungen. Wo du sie findest und wie du mit ihnen weiterarbeiten kannst, erfährst du hier:

Tipp 1: Oftmals findest du die Lösung für mögliche Stolperstellen im Kapitel selbst. Denn dort gibt es viele Tipp-Kästen, Checklisten, Satzbausteine, Wortspeicher und Beispiele, die dir über die Hürde helfen sollen.

Tipp 2: Schau dir in Ruhe die **Innenseiten des Umschlags** an. Dort findest du nützliche Hinweise und Regeln, die du für jede Klassenarbeit brauchen kannst. Je öfter du sie nutzt, desto eher beherrschst du sie.

Tipp 3: Erstelle aus den wichtigsten Dingen, die du für eine Klassenarbeit im Kopf haben solltest, einen Spickzettel. Wenn es dir gelingt, das Wissen so kurz und knapp zusammenzufassen, dass es auf ein kleines Stück Papier passt, dann wirst du dich in der Arbeit daran erinnern und brauchst den Spickzettel gar nicht mehr.

Mit dem Lösungsheft sinnvoll arbeiten

Tipp 4: Wenn du noch unsicher bist, vergleiche deine Ergebnisse regelmäßig am Ende eines Teilschrittes mit der Lösung im Lösungsheft. So kannst du Fehler gleich bemerken und anschließend mit der richtigen Lösung weiterarbeiten. Versuche grundsätzlich, selbst auf die Lösung zu kommen, dann vergisst du sie nicht so schnell.

Tipp 5: Orientiere dich an den Beispielaufsätzen, um deine Ergebnisse besser einzuschätzen. Sie zeigen dir, ...

- ... aus welchen Teilen sich diese Art von Aufsatz zusammensetzt,
- ... welche Inhalte in den Teilen dieses Klassenarbeitstyps oft erwartet werden,
- ... wie du deine Darstellung (Ausdruck, Stil, Satzbau usw.) verbessern kannst.

Die Uhr im Blick behalten

Tipp 6: Trainiere mit der Uhr, damit du ein Gefühl dafür bekommst, wie viel Zeit du benötigst, um ...

- ... die Aufgabenstellung Wort für Wort zu lesen und zu verstehen,
- ... einen Text sorgfältig zu lesen und mit Randnotizen zu versehen,
- ... Ideen zu sammeln und in eine sinnvolle Reihenfolge zu bringen,
- ... Texte zu verfassen und am Schluss auf Fehler durchzusehen und zu verbessern.

Viel Erfolg bei deiner Vorbereitung –
und viel Glück!

Konflikte im Schulalltag – Einen Erzählkern lebendig ausgestalten

Gestalte den folgenden Erzählkern zu einer Geschichte aus.
- Erzähle aus Sicht einer unbeteiligten Mitschülerin bzw. eines unbeteiligten Mitschülers in der Ich-Form.
- Finde eine Lösung des Konflikts, mit der alle zufrieden sind.

Leon und Amin sitzen im Kunstunterricht nebeneinander. Amin ist den ganzen Tag schon aufgeregt, weil er Geburtstag hat. Am Nachmittag feiert er, ich bin auch eingeladen. Die Kunstlehrerin hat Amin bereits mehrfach ermahnt, ruhiger zu sein. Leon dagegen arbeitet konzentriert an seinem Bild. Er ist fast fertig – nach drei Wochen. Das Bild mit dem Sternenhimmel will er bei einem Malwettbewerb zum Thema „Flieg zu den Sternen" einreichen. Morgen muss es zur Post gebracht werden. Da springt Amin neben ihm abrupt auf und wirft dabei einen Tuschbecher um. Die farbige Flüssigkeit ergießt sich über das Bild von Leon. Alles ist nass. Leon schreit auf. Ist das Bild jetzt ruiniert? Was ist mit dem Wettbewerb? Amin schämt sich und er weiß nicht, was er machen soll. Die Klasse wird unruhig, einige schimpfen. Da habe ich eine Idee ...

A Die Aufgabe verstehen

1 *Hast du die Aufgabenstellung genau gelesen? Kreuze jeweils die richtige Lösung an.*

a) Du erzählst das Erlebnis aus ***Sicht*** *...*

☐ ... der Kunstlehrerin. (A) ☐ ... von Amins Banknachbar Leon. (B)
☐ ... von Amin selbst. (C) ☐ ... eines Mitschülers/einer Mitschülerin. (D)

b) Du sollst diese Geschichte aus einer bestimmten ***Perspektive*** *schreiben, und zwar in der ...*

☐ ... Er-Form. (A) ☐ ... Sie-Form. (B) ☐ ... Ich-Form. (C) ☐ ... Du-Form. (D)

c) Du sollst den vorgegebenen ***Erzählkern*** *...*

☐ ... übernehmen. (A) ☐ ... beenden. (B) ☐ ... ausgestalten. (C) ☐ ... umschreiben. (D)

d) Der ***Schluss*** *deiner Erzählung könnte zum Beispiel sein:*

☐ ... Feindschaft. (A) ☐ ... ein Streit. (B) ☐ ... eine Strafe. (C) ☐ ... ein Ausweg. (D)

B Stoff sammeln – Ideen entwickeln

1 *Was passierte an jenem Tag? Nummeriere die einzelnen Ereignisse in der richtigen Reihenfolge:*

☐ Ich hatte eine Idee. (A) ☐ Das schmutzige Wasser lief über Leons Bild. (B)
☐ Amin neben ihm sprang auf. (C) ☐ Der Wasserbecher fiel dadurch um. (D)
☐ Amin stand betroffen daneben. (E) ☐ Leon malte im Kunstunterricht an seinem Bild. (F)

2 *Wie könnte der Konflikt geklärt worden sein? Schreibe erste Ideen stichwortartig in dein Heft.*

C Übungen

Figuren ausgestalten – Verhaltensweisen und Eigenschaften festlegen

1 *Eine Geschichte wird durch ihre verschiedenen Figuren interessant. Welche der Verhaltensweisen bzw. Eigenschaften aus dem Wortspeicher passen zu den handelnden Figuren? Ergänze auch eigene Ideen.*

Leon: ____________________

Amin: ____________________

Die Lehrerin: ____________________

Ich-Erzähler/in: ____________________

Andere Mitschüler/innen: ____________________

Wortspeicher

wild   überlegt   schnell   (nicht) nachtragend   verzweifelt   einfühlsam   zornig   gelassen   konsequent   rastlos   überdreht   (un)ruhig   streng   fröhlich   geistesgegenwärtig   gründlich   (un)geduldig   entsetzt

Den Höhepunkt spannend gestalten

2 *Der Höhepunkt ist die spannendste Stelle in einer Geschichte. Hier geschieht das Unglück, hier wird oft ein Konflikt deutlich. Gestalte die folgenden Notizen mit Hilfe einiger der „Spannungsmelder" zu einem klaren Höhepunkt aus. Nutze auch anschauliche Vergleiche (z. B.* wie von der Tarantel gestochen*).*

Leons letzte Pinselstriche – Amin wollte frisches Wasser holen, sprang auf, ruderte mit den Armen – Leons Wasserbecher fiel um – schmutziges Wasser lief über Tisch und Bild – Farben verwischten und tropften auf den Boden – Leon entsetzt – brüllte – Amin zur Salzsäule erstarrt – andere Schüler beschimpften Amin, trösteten Leon – Wettbewerbsbeitrag zerstört? – Ratlosigkeit

Spannungsmelder

unerwartet   plötzlich   auf einmal   aus dem Nichts   aus heiterem Himmel   erstaunlicherweise   schneller als   überraschend   unverhofft   gerade noch   in letzter Sekunde   aber dann

Anschaulich erzählen – Treffende Adjektive verwenden

3 *Texte werden durch treffende Adjektive anschaulicher. Fülle die Lücken mit Hilfe des Wortspeichers.*

__________ führte Leon seinen Pinsel über das __________ Papier. Keine __________ Fläche wollte er übrig lassen. Amin neben ihm war wegen seiner Geburtstagsfeier ganz aufgeregt. Immer wieder verließ er seinen Platz. Mal holte er __________ Wasser, mal wollte er sich einen __________ Pinsel von der Lehrerin geben lassen, dann fehlte ihm ein __________ wirkender Blauton, den er unbedingt von Kim ausleihen wollte.

weiß
großformatig
frisch
metallisch
dünn
sorgfältig

Lebendig schreiben – Wörtliche Rede einsetzen

4 *a) Welche Figur sagt was – und wie? Ordne die Aussagen rechts dem jeweils passenden Redebegleitsatz links zu.*
b) Ergänze die fehlenden Anführungszeichen an der richtigen Stelle.

TIPP

Redebegleitsätze können vor, nach oder innerhalb der wörtlichen Rede stehen. Hinweise zur Zeichensetzung siehe hintere Umschlagklappe.

Redebegleitsatz	Aussage
a) ... schrie Leon.	(1) Setz dich bitte auf deinen Platz !
b) ... beruhigte ich Leon.	(2) Lass mal, das kriegen wir hin , ...
c) Erneut brüllte Amin durch den ganzen Raum:	(3) Ich habe heute Geburtstag !
d) Die Lehrerin forderte Amin auf:	(4) Amiiiiin !!! , ...
e) Da flüsterte ich Amin ins Ohr:	(5) Gleich bin ich fertig , ...
f) ... verkündete Leon stolz.	(6) Ich habe eine Idee .

5 *Markiere in der Tabelle oben alle Verben, die zum Wortfeld „sagen" gehören. Finde weitere Verben:*

6 *Hier fehlt die Abwechslung. Markiere Verben, die sich wiederholen, und tausche sie aus. Arbeite im Heft.*

Ich sah, wie Leon eifrig an seinem Bild arbeitete. Er sah nicht, was um ihn herum geschah, so vertieft arbeitete er. Amin hingegen rannte quer durch den Kunstraum. Erst rannte er zur Lehrerin, dann rannte er zu seinem Platz zurück.

Das richtige Tempus verwenden

7 *Beim schriftlichen Erzählen verwendet man meist das Präteritum. Vorzeitiges steht im Plusquamperfekt. Streiche die falschen Tempusformen durch.*

Leon taucht/tauchte seinen Pinsel tief in die rote Farbe. Damit will/wollte er den letzten seiner vier Jupitermonde einfärben. Auf seinem Bild fließen/flossen gigantische Sturmwirbel ineinander, die in allen Farben schillern/schillerten. Ich frage/fragte mich, mit welcher Maltechnik er die Helligkeit der Himmelskörper erzeugte/erzeugt hat/hatte. Schon von Weitem kann/konnte man sie leuchten sehen. Das Bild zeigt/zeigte seine Wirkung am besten, wenn man es aus einiger Entfernung betrachtet/betrachtete.

D Den Schreibplan erstellen

1 *Eine **Einleitung** soll die Neugier des Lesers wecken. Markiere Textstellen, die neugierig machen.*

A Kunstunterricht ist nicht jedermanns Sache. Aber Leon hatte sein Thema gefunden: „Flieg zu den Sternen" lautete die Vorgabe und er war mit Feuereifer dabei, sein Bild fertig zu stellen. Der Countdown lief, morgen war der Einsendeschluss beim Wettbewerb. Da passierte es.

B Manchmal kommt es anders, als man denkt. So wie in der letzten Kunststunde. Da war ganz schön was los. Der Tumult war sogar so groß, dass ich dachte, jetzt ist die Freundschaft zwischen Leon und Amin ein für allemal beendet. Aber ich sollte mich irren.

2 *Im **Hauptteil** einer Geschichte musst du die Spannung bis zum Höhepunkt steigern. Entscheide dich, welche Folgen der Vorfall haben kann und was die Spannung in der Geschichte ausmachen könnte.*

- ☐ a) Die Freundschaft steht auf dem Spiel.
- ☐ b) Die rettende Idee kommt in letzter Sekunde.
- ☐ c) Leons Bild ist nur gemeinsam zu retten.
- ☐ d) Amins Geburtstag fällt fast ins Wasser.

3 *In welcher Reihenfolge willst du die Erzählschritte aus* ***Einleitung*** *und* ***Hauptteil*** *anordnen, um Spannung zu erzeugen und zu steigern? Nummeriere die Schritte entsprechend.*

- ☐ Freude auf die große Geburtstagsfeier am Nachmittag (a)
- ☐ Leons Bild fast fertig (h)
- ☐ Klasse unruhig (b)
- ☐ ein Tag vor Wettbewerbsschluss (e)
- ☐ drei Wochen harte Arbeit (i)
- ☐ letzte Kunststunde (c)
- ☐ Freundschaft zwischen Leon und Amin (f)
- ☐ strenge Lehrerin (j)
- ☐ Gewinner? (d)
- ☐ Einmaligkeit von Leons Bild (g)
- ☐ alles vergeblich? (k)

4 *Welche der folgenden Ideen für den* ***Schluss*** *passen zur Aufgabenstellung und welche nicht? Kreuze an. Falls du keine eigenen Ideen hast: Markiere den Vorschlag, den du in deiner Erzählung verwenden willst.*

	passt	passt nicht
a) Das Bild lässt sich retten, indem man es vorsichtig trocknet (z. B. mit dem Fön).	☐	☐
b) Leon kommt nicht zum Geburtstag, sondern malt allein zu Hause ein neues Bild.	☐	☐
c) Wenn man das Bild trocken tupft, entsteht ein neues Bild, das anders wirkt.	☐	☐
d) Amin schenkt Leon alle Geburtstagsgeschenke als Trostpflaster für den Verlust.	☐	☐
e) Die Geburtstagsfeier endet mit einer Mal-Party (mit Amin und Leon).	☐	☐
f) Die Lehrerin malt für Leon ein neues Bild und die Geburtstagsfeier ist gerettet.	☐	☐

5 *Finde eine* ***Überschrift****. Überlege, welche Überschrift gut zum Erzählkern passt und welche nicht.*

	passt	passt nicht		passt	passt nicht
a) Die misslungene Kunststunde	☐	☐	d) Wasser marsch!	☐	☐
b) Flug zu den Sternen	☐	☐	e) Das war knapp	☐	☐
c) Die Enttäuschung	☐	☐	f) Geburtstag einmal anders	☐	☐

6 *Erzähle nun mit Hilfe deiner Vorarbeiten die Geschichte und bringe sie zu einem guten Ende. Achte dabei darauf, deine Erzählschritte mit geeigneten Verknüpfungswörtern zu verbinden (z. B.* dann, da, inzwischen, nach einer Weile, anschließend, weil, damit, schließlich, endlich, während, mittlerweile*).*

E Den eigenen Text überarbeiten

1 *Prüfe mit Hilfe der Checkliste, an welchen Stellen du deine Erzählung noch verbessern kannst.*

☑ Checkliste „Einen Erzählkern ausgestalten"

Hast du in deiner Erzählung …	+	−
☐ … eine zutreffende Überschrift gewählt, die inhaltlich zum Erzählkern passt?	☐	☐
☐ … durchgehend als Tempus Präteritum verwendet (z. B. *malte, ging, fiel, setzte* …)?	☐	☐
☐ … im Redebegleitsatz „sagen" ersetzt (z. B. durch *tobte, seufzte, stöhnte, schlug vor*)?	☐	☐
☐ … durch wörtliche Rede Lebendigkeit erzeugt und die Satzzeichen richtig gesetzt?	☐	☐
☐ … die Handlungsschritte des Erzählkerns in eine sinnvolle Reihenfolge gebracht?	☐	☐
☐ … eine Einleitung verfasst, die deine Leserinnen und Leser neugierig macht?	☐	☐
☐ … den Höhepunkt mit Hilfe von Spannungsmeldern klar herausgearbeitet?	☐	☐
☐ … Ereignisse durch treffende Adjektive und Verben anschaulich beschrieben?	☐	☐
☐ … eine gute Lösung für das Ende der Erzählung gefunden, mit der alle zufrieden sind?	☐	☐

Freunde halten zusammen – Eine Geschichte zu Bildern erzählen

Freunde halten zusammen – Erzähle spannend und anschaulich eine Geschichte zu den folgenden sechs Bildern.

1

2

3

4

5

6

A Die Aufgabe verstehen

1 *Entscheide, welche der folgenden Aussagen die Aufgabe richtig wiedergeben und welche nicht. Kreuze an.*

Du sollst …	**richtig**	**falsch**
a) … dir überlegen, was zwischen dem ersten und dem letzten Bild passiert.	☐	☐
b) … ein Argument dafür finden, dass die Schilder der Kinder an allen Sport- und Spielplätzen angebracht werden sollten.	☐	☐
c) … die Bilder erst neu ordnen und dann eine Geschichte dazu schreiben.	☐	☐
d) … alle Einzelheiten genau beschreiben, die auf den Bildern zu sehen sind.	☐	☐
e) … eine Geschichte erfinden, in die alle dargestellten Szenen hineinpassen.	☐	☐
f) … ein Bild aussortieren, das nicht in die Reihe passt.	☐	☐

B Ideen entwickeln

Tempus und Erzähler festlegen

1 *Entscheide, in welchem Tempus und in welcher Form du erzählen wirst. Kreuze an.*
Geschichten dieser Art schreibt man am besten …

… in dem Tempus …

- ☐ a) … Präsens.
- ☐ b) … Präteritum.
- ☐ c) … Perfekt.
- ☐ d) … Futur.

… aus der Sicht eines Erzählers, und zwar …

- ☐ A) … in der Ich-Form.
- ☐ B) … in der Er-Form.
- ☐ C) … in der Du-Form.
- ☐ D) … ganz ohne Form.

Die Handlung entwickeln

2 *Schau dir die unterschiedlichen Körperhaltungen von Jonas, Julius und Mara auf den Bildern genau an.*
a) Überlege: Welche Gefühle drücken sie deiner Meinung nach aus?
b) Schreibe zu jedem Bild zwei Sätze: einen, der die Handlung wiedergibt, und einen, der auf Gefühle eingeht.

Bild 1/2: Jonas und Julius tobten an einer Skater-Halfpipe.

▷ Sie waren völlig …

Bild 3: Jonas …

▷ Wut stieg in ihm hoch. Julius verspürte auch etwas Angst, weil …

Bild 4: Mara …

▷ …

Bild 5/6: Die Freunde …

▷ …

3 *Was könnte zwischen Bild 2 und 6 außerdem passiert sein? Notiere deine Ideen im Ideenstern.*

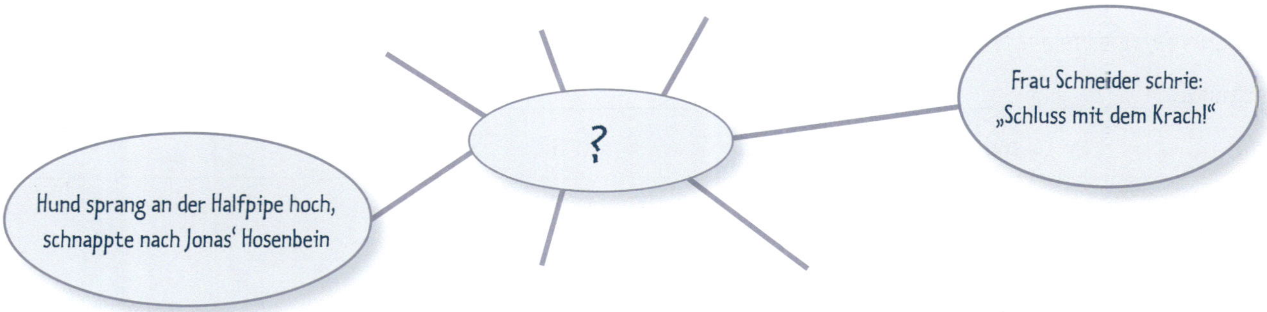

4 *Wähle Ideen aus und schreibe sie in der richtigen Reihenfolge in die Leerzeilen zwischen den Bildern auf S. 10.*

C Übungen

Etwas über Freundschaft erzählen

1 *Stell dir genau vor, was die beiden Freunde in den Bildern 1, 2 und 6 erlebt haben. Überlege, wieso diese Erlebnisse ihrer Freundschaft gutgetan haben. Notiere entsprechende Sätze für deine Geschichte in der folgenden Tabelle.*

Bild	gemeinsame Unternehmung	gut für ihre Freundschaft, weil ...
1 + 2	Jonas und Julius hatten schon oft zusammen ...	... sie dabei gespürt hatten, ...
6		

2 *Auch Mara hat sich als Freundin erwiesen – inwiefern? Schreibe zu Bild 4 einen Satz für deine Geschichte, in dem das deutlich wird. Arbeite in deinem Heft.*

Anschaulich erzählen

3 *Was tun Jonas und Julius genau? Überlege, welche ausdrucksstarken Verben du für die dargestellten Situationen verwenden könntest. Finde im Wortspeicher für die Bilder 1, 2, 3 und 6 mindestens zwei passende Möglichkeiten und notiere sie in der Tabelle. Achte auf das richtige Erzähltempus.*

Bild	ausdrucksstarke Verben
1 + 2	Jonas und Julius katapultieren sich immer wieder auf ...
3	
4	

Wortspeicher

hoch-/herunterspringen	jodeln	sich aufrecht halten	wispern	schimpfen
emporschnellen	aufschreien	sich postieren	tuscheln	flüstern, zuflüstern
hechten	kreischen	verharren	(ver-)fluchen	murmeln
(herum-)toben	jubeln	erstarren	wettern	herumtollen

4 *Notiere Vergleiche, die du an besonderen Stellen deiner Geschichte verwenden könntest.*

Zu Bild 1: Jonas sprang wie ... ____________________

Zu Bild 3: Julius und Jonas standen da wie ... ____________________

Einen Dialog entwerfen

5 *Auf dem Höhepunkt des Geschehens unterhalten sich Jonas und Julius miteinander. Welchem Bild/welchen Bildern möchtest du diesen Höhepunkt zuordnen? Notiere:*

Höhepunkt: Bild/Bilder: ____________________

6 *Entwickle für den Höhepunkt deiner Geschichte einen Dialog. Fülle dazu die Lücken und streiche die unpassenden Verben in den Redebegleitsätzen durch.*

„____________________!“, schrie/flüsterte/sagte Jonas, „____________________?“

Julius überlegte kurz und erwiderte/tuschelte/murmelte/brüllte dann: „____________________.“

Er hatte kaum den Satz beendet, als plötzlich ... ____________________

____

D Den Schreibplan erstellen

1 *Entscheide, welche Teile der Geschichte du kurz und welche du ausführlich erzählen möchtest. Gestalte auf jeden Fall den Höhepunkt aus (Aufgabe C6).*

2 *Wähle passende adverbiale Bestimmungen der Zeit, um deine Geschichte zu eröffnen und um ihre Teile miteinander zu verbinden (z. B.* Eines Nachmittages ... / Nach einigen Minuten ... / Tags darauf ...*).*

3 *Schreibe nun die Geschichte in dein Heft. Verwende dabei ausdrucksstarke Verben aus Aufgabe C3 und passende Vergleiche aus Aufgabe C4, um lebendig und anschaulich zu erzählen.*

E Den eigenen Text überarbeiten

1 *Prüfe mit Hilfe der folgenden Checkliste, an welchen Stellen du deinen Text verbessern kannst.*

☑ Checkliste „Eine Geschichte zu Bildern erzählen“

Hast du ...

	+	−
□ ... das vorgegebene Thema „Freunde halten zusammen“ beachtet?	□	□
□ ... das Erzähltempus (Präteritum) in der ganzen Geschichte eingehalten?	□	□
□ ... aus der Sicht eines Erzählers geschrieben und diese Form durchgehalten?	□	□
□ ... den Handlungshöhepunkt bestimmt und durch wörtliche Rede ausgestaltet?	□	□
□ ... mit Hilfe von ausdrucksstarken Verben und Vergleichen die Geschichte lebendig erzählt?	□	□
□ ... die Ereignisse durch passende adverbiale Bestimmungen der Zeit miteinander verknüpft?	□	□
□ ... deine Geschichte auf Rechtschreibung und Zeichensetzung überprüft und wo nötig verbessert?	□	□

SCHREIBEN

Skateboard gestohlen – Einen Gegenstand beschreiben

Julia ist vor der Bäckerei ihr Skateboard gestohlen worden. Für die Polizei muss sie es genau beschreiben. Fertige diese Beschreibung an. Nutze dazu die Abbildungen von Julias Skateboard.

Julia hat für die Polizei schon einige Stichworte aufgeschrieben:

- ziemlich genau ein Jahr alt und daher gut eingefahren
- Länge: 80 cm, Breite: 20 cm; Marke: Ollie (so wie der abgebildete Sprung heißt)
- Das Brett (Deck) des Skateboards ist aus Ahornholz; teilt sich in drei Bereiche: vorne (Nose), mittlerer Teil, hinten (Tail)
- Oberseite des Decks: belegt mit schwarzer rutschfester Teerpappe (Griptape)
- Unterseite des Decks: aufwändig gestaltet
- Räder: zweifarbig (Innenseite grün, Außenseite blau), breiter als üblich: 50 mm
- unterer Teil der Achse: Grundplatte (Baseplate), am Deck festgeschraubt
- oberer Teil der Achse : Hanger, daran sind die Räder befestigt
- besondere Kennzeichen:
  - Schaden: Absplitterung vorne an der Spitze, Holzkerbe
  - hinten am Rand des Decks steht mit schwarzer Lackfarbe mein Name (Julia)
  - Name der Marke „Ollie“ steht auf dem hinteren Teil des Decks (Tail)

A Die Aufgabenstellung verstehen

1 *Hast du verstanden, was zu tun ist? Kreuze an, welche der Aussagen richtig sind und welche nicht.*

Du sollst...	richtig	falsch
a) ... nur das beschreiben, was dieses Skateboard von anderen unterscheidet.	☐	☐
b) ... Julias Skateboard so beschreiben, dass es sich jeder vorstellen kann.	☐	☐
c) ... der Polizei berichten, was du mit dem Skateboard alles machen konntest.	☐	☐
d) ... das Skateboard möglichst knapp beschreiben.	☐	☐
e) ... das Skateboard sehr ausführlich mit allen Einzelheiten beschreiben.	☐	☐
f) ... die Beschreibung des Skateboards sachlich verfassen.	☐	☐
g) ... eine Vermutung dazu äußern, wer das Skateboard gestohlen hat.	☐	☐

B Stoff sammeln

1 *Sieh dir die Abbildung des Skateboards genau an.*
Ergänze die Angaben mit Hilfe des Notizzettels (S. 14) in folgender Mind-Map.

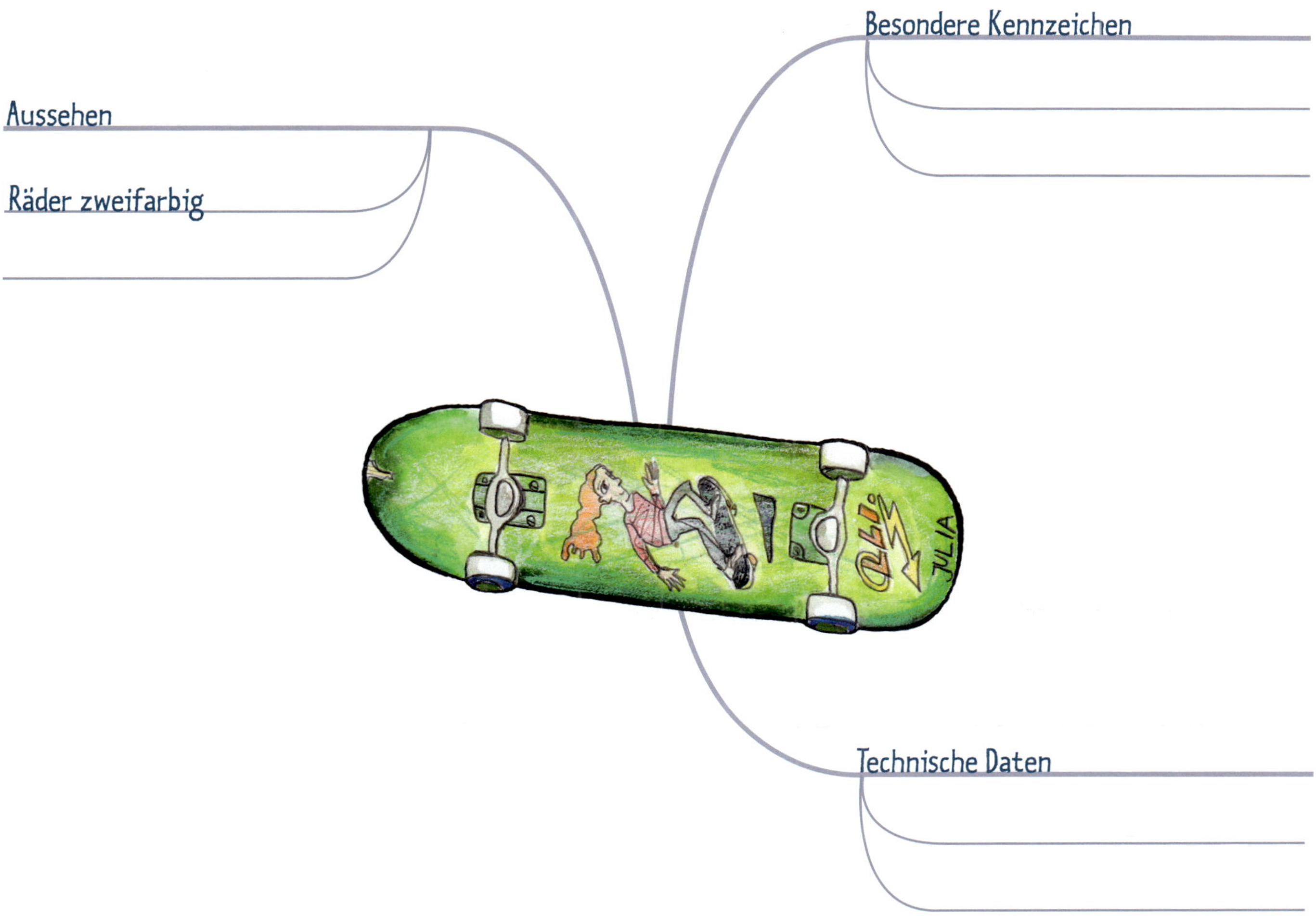

C Übungen

Genau beschreiben – Überflüssiges und Unsachliches vermeiden

1 *a) In deiner Beschreibung sollte nichts Unsachliches stehen. Lies die Sätze links und rechts und kreuze jeweils an, welche der Formulierungen für eine Beschreibung besser geeignet ist.*
b) Streiche die überflüssigen Angaben in den unsachlichen Sätzen.

Möglichkeit A	Möglichkeit B
☐ 1 Vor der Bäckerei wurde mir mein Skateboard der Marke Ollie gestohlen.	☐ 1 So ein Ärger: Gerade wurde mein supercooles Skateboard gestohlen.
☐ 2 Das Skateboard hat das Standardformat, dann kann man am besten damit fahren.	☐ 2 Das Skateboard hat eine Standardgröße. Es misst in der Länge 80 cm.
☐ 3 Die Unterseite des Skateboards ist sehr schön.	☐ 3 Die Unterseite des Skateboards ist sehr auffällig, es ist eine Skaterin abgebildet.

Genau beschreiben – Treffende Adjektive verwenden

2 *In der Tabelle sind auffällige Bestandteile des Skateboards genannt. Suche Adjektive, die sie beschreiben. Der Wortspeicher hilft dir.*

Wortspeicher

zweifarbig rutschfest hellgrün tiefgrün dunkelblau bunt schwarz aufwändig spitzbogenförmig

Bestandteile:	Passende Adjektive:
a) Belag (Griptape) aus Teerpappe	______
b) abgebildete Skaterin	______
c) Räder	______
d) Hintergrund der abgebildeten Skaterin	______
e) vorderer Teil des Decks	______
f) Lackbuchstaben	______
g) oberer Teil der Achse (Hanger)	dunkelblau
h) unterer Teil der Achse (Baseplate)	tiefgrün
i) Unterseite	______

D Den Schreibplan erstellen

Die Einleitung formulieren

1 *Verfasse zunächst eine* ***Einleitung****. Ergänze dazu mit Hilfe von Julias Notizen (S. 14) die fehlenden Angaben.*

Vor der Bäckerei wurde mir mein ______ der ______ Ollie gestohlen.

Es misst in der ______ 80 cm und in der ______ 20 cm.

2 *Im* ***Hauptteil*** *solltest du das Aussehen des Skateboards genau beschreiben.*

a) *Ergänze dazu die Tabelle auf der folgenden Seite mit Hilfe deiner Mind-Map aus Aufgabe B2 und deiner Adjektivsammlung im Teil C. Notiere in der rechten Spalte der Tabelle in Stichworten, was jeweils das Auffällige ist.*

b) *Nummeriere dann die auffälligen Bestandteile in der Reihenfolge, in der du sie beschreiben willst. Notiere die entsprechenden Ziffern in die erste Spalte.*

TIPP

Auffällig ist beispielsweise was …
- ☐ man auf den ersten Blick sieht,
- ☐ besonders groß ist,
- ☐ leuchtende Farben aufweist,
- ☐ ungewöhnlich gestaltet ist.

Nr.	Bestandteile	Beschreibung: Was daran ist besonders auffällig?
	Achse	Hanger
	Deck	

3 *Erwähne zum Schluss besondere Kennzeichen, die Julias Skateboard einzigartig machen und auf ihrem Notizzettel übrig sind. Setze in deinem Heft fort:* Zu den besonderen Kennzeichen meines Skateboards gehören ...

4 *Verfasse nun die Beschreibung des Skateboards. Greife dazu auf deine Vorarbeiten zurück.*

E Den eigenen Text überarbeiten

1 *Prüfe mit Hilfe der Checkliste, an welchen Stellen du deine Beschreibung überarbeiten solltest.*

☑ Checkliste „Einen Gegenstand beschreiben"

Habe ich ...	Woran kann ich das erkennen?	+	−
... Adjektive gewählt, die das Skateboard genau beschreiben?	☐ Markiere alle Adjektive und überlege, ob sie sachlich zutreffen.	☐	☐
	☐ Denk nach: Gibt es Adjektive, die noch besser passen?	☐	☐
... sachlich und präzise geschrieben?	☐ Unterstreiche in deinem Text Wörter wie: *ja, doch, so.* Wende die Weglassprobe an: Kann das Wort entfallen?		
... durchgängig die Zeitform Präsens eingehalten?	☐ Umkreise alle Verben und prüfe, ob sie im Präsens stehen.	☐	☐
... mich vom Auffälligsten zu den Details vorgearbeitet?	☐ Unterstreiche Merkmale, die auf den ersten Blick zu sehen sind, doppelt. Stehen sie alle am Anfang?	☐	☐
	☐ Hast du danach Einzelheiten und zuletzt das Einzigartige beschrieben? Unterstreiche diese Textstellen nur einfach.	☐	☐
... meine Gegenstandsbeschreibung in Einleitung, Hauptteil und Schluss eingeteilt?		☐	☐

2 *Prüfe auch Rechtschreibung und Zeichensetzung, wenn du deine Beschreibung verbesserst.*

Unfall beim Sportfest – Einen Bericht für die Schülerzeitung verfassen

Beim Sportfest am Essener Schiller-Gymnasium hat es einen Sportunfall im 6. Jahrgang gegeben. Berichte darüber in der nächsten Ausgabe der Schülerzeitung. Die folgenden Bilder und Notizen helfen dir dabei.

Ein Elternteil hat während des Basketballspiels gefilmt, sodass es **Bilder** von dem Unfall gibt:

Folgende **Notizen** hat der Schiedsrichter und Sportlehrer, Herr Kröning, zur Verfügung gestellt:

- Endspiel Basketball Klasse 6b gegen 6c in der großen Sporthalle
- spannendes Finale: Spielstand 19:16
- 18.09.2009, 10.27 Uhr (3 Minuten vor Schluss)
- Zusammenstoß von Anton Meier (6c) und Anna Hoffmann (6b) beim Versuch, den Ball zu fangen
- Schulsanitäter stellen fest: Anton mit Schürfwunde am Kopf, Anna mit geprellter Schulter
- beide Kinder wurden von den Eltern abgeholt und zum Arzt gebracht
- Spiel unterbrochen und eine Stunde später fortgesetzt, Ergebnis 22:19 für die 6b

A Die Aufgabe verstehen

1 *Schau dir die Bilder genau an und lies die Notizen aufmerksam. Welche Aussage trifft zu? Kreuze an.*

- [ ] a) Beim Volleyball-Turnier hat es einen furchtbaren Unfall gegeben.
- [x] b) Zwei Kinder sind beim Basketball-Turnier zusammengestoßen.
- [ ] c) Beide Kinder wurden mit Blaulicht ins Krankenhaus gebracht.
- [ ] d) Das Spiel wurde abgebrochen und konnte nicht fortgesetzt werden.

2 *Was verlangt die Aufgabenstellung im Einzelnen von dir? Kreuze an, welche Aussagen zutreffen und welche nicht.*

Du sollst …	**richtig**	**falsch**
a) … eine lebendige und anschauliche Reportage über das Sportfest schreiben.	☐	☑
b) … einen Bericht für die Unfallversicherung der beiden Kinder verfassen.	☑	☐
c) … einen sachlichen und kurzen Bericht für die Schülerzeitung schreiben.	☑	☐
d) … Bilder und Notizen zum Anlass nehmen, einen eigenen Unfall zu schildern.	☐	☑
e) … deinen Text auf Grundlage der vorgegebenen Bilder und Notizen verfassen.	☑	☐
f) … dir noch neue Informationen ausdenken, um deinen Text etwas auszuschmücken.	☐	☑

B Stoff sammeln

1 *Was ist passiert? Überlege dir für jedes Bild einen Satz, der das Geschehen zusammenfasst.*

Bild 1	Ein Mädchen möchte den Basketball einem anderen Mädchen aus ihrer Mannschaft zupassen.
Bild 2	Das Mädchen will einen
Bild 3	
Bild 4	

2 *Ein Bericht sollte die W-Fragen beantworten. Ergänze die folgende Tabelle mit Hilfe der Notizen und Bilder von Seite 18.*

Wer?	**Was?**	**Wann?**	**Wo?**
Anton Meier 6c, Anna Hoffman, einem sprung 6 b der Essener Schiller-Gymnasiums	Zusammenstoß beim Fangen des Balls nach …	18.09.2009, 10.27 Uhr	große Sporthalle des Schiller-Gymnasiums in Essen

Wie?	**Warum?**	**Mit welchen Folgen?**
Beide springen hoch, stoßen zusammen und fallen hin		Anton Schürfwunde am Kopf, Anna geprellte Schulter

3 *Welche Überschrift für deinen Bericht passt gar nicht zu dem Vorfall auf dem Sportfest? Kreuze an.*

☐ a) Unfall beim Sportfest

☑ b) Schmerzhaftes Finale

☑ c) Platzwunde und Beinbruch

☐ d) Zusammenstoß beim Sportfest

C Übungen

Die Textsorte beachten

1 *Was weißt du über Berichte? Entscheide, welche Aussage richtig ist und welche falsch.*

Berichte über ein Ereignis ...	**richtig**	**falsch**
a) ... werden oft im Präteritum verfasst.	☑	☐
b) ... dürfen Vermutungen enthalten.	☐	☑
c) ... informieren über wichtige Fakten.	☑	☐
d) ... informieren ausschweifend.	☐	☑
e) ... stehen z. B. in Zeitungen oder im Internet.	☑	☐
f) ... folgen dem Ablauf der Ereignisse.	☑	☐

Sachlich schreiben

2 *Die folgenden Sätze sind nicht sachlich genug verfasst. Überarbeite sie mit Hilfe des Tipps rechts. Unterstreiche dazu zuerst die **Mängel** und verbessere sie anschließend.*

TIPP
Berichte informieren **sachlich**. Sie enthalten **Daten**, **Fakten** und genaue Beschreibungen des Vorfalls, aber weder Meinungsäußerungen noch Umgangssprache.

a) Anna Hofmann und Anton Meier prallten dramatisch zusammen und stürzten voll krass auf den Boden.

Heftig hart

b) Ich dachte, beide hätten sich alle Knochen gebrochen, aber die Sanitäter stellten nur eine Prellung und eine Schürfwunde fest.

____

c) Der spektakuläre Unfall sorgte für eine ziemlich lange Spielpause.

____

Das richtige Tempus verwenden

3 *Bilde mit Hilfe des Tipps für die folgenden Verben das Präteritum. Arbeite in deinem Heft.*

a) fallen	b) stürzen	c) dribbeln
d) fangen	e) laufen	f) eilen
g) stellen	h) gewinnen	i) stoßen

TIPP
Das **Präteritum** kennzeichnet ein vergangenes Geschehen und wird je nach Verb auf zwei Arten gebildet:
1. Wortstamm mit der Endung **-te**:
   z. B. *eilen – eilte*
2. Wortstamm mit verändertem Stammvokal:
   z. B. *werfen – warf*

4 *Ergänze die Lücken mit Hilfe des Wortspeichers. Achte auf die richtige Bildung des Präteritums.*

Der Schiedsrichter unterbrach das Spiel sofort, als die beiden Kinder zusammenstießen. Die herbeigerufenen Schulsanitäter untersuchten die Kinder und stellten eine Schürfwunde und eine Prellung fest. Die Schulleitung rief die Eltern an, die daraufhin die Kinder persönlich abholten.

abholen
unterbrechen
untersuchen
zusammenstoßen
feststellen
anrufen

Abwechslungsreich schreiben

5 *Achte auf abwechslungsreiche Satzanfänge. Verbinde dazu folgende Sätze mit Hilfe von Konjunktionen wie nun, während, anschließend, danach zu einem zusammenhängenden Text. Arbeite in deinem Heft.*

> Ein Mädchen dribbelte den Ball bis kurz vor den Korb. – Sie passte ihn weiter. – Zwei Kinder sprangen hoch.
> Sie prallten zusammen. – Sie fielen auf den Boden.

D Den Schreibplan erstellen

1 *Überlege dir nun, in welcher Abfolge du die W-Fragen beantworten musst, damit dein Bericht leicht verständlich ist. Setze dazu die drei Teile eines Berichts (Einleitung – Hauptteil – Schluss) in die richtigen Lücken ein.*

Ein Bericht ist folgendermaßen aufgebaut: Der/Die ...

Schluss a) zeigt kurz die Auswirkungen des Geschehens auf und antwortet auf die Frage:
→ **Welche Folgen** hatte das Geschehen?

Einleitung b) benennt möglichst in einem Satz, worum es geht, und beantwortet die Fragen:
→ **Was** ist geschehen? **Wann** geschah es? **Wo** geschah es? **Wer** war beteiligt?

Hauptteil c) stellt den Verlauf des Geschehens schrittweise dar und gibt Antwort auf die Fragen:
→ **Wie und warum** geschah es?

2 *Formuliere mit Hilfe deiner Notizen aus Aufgabe B2 den Bericht für die Schülerzeitung. Halte dich dabei an die Reihenfolge Einleitung – Hauptteil – Schluss. Finde zuletzt eine passende Überschrift.*

E Den eigenen Text überarbeiten

1 *Unterstreiche die fehlerhaften Tempusformen im folgenden Text und notiere die richtigen Formen am Rand.*

VORSICHT FEHLER!

> Bei unserem Sportfest am 18.09.2009 in der großen Sporthalle des Schiller-Gymnasiums hat es einen Unfall gegeben. Anton Meier aus der 6c und Anna Hoffmann aus der 6b werden leicht verletzt. Drei Minuten vor Schluss, um 10:27 Uhr, der Spielstand beträgt 19:16 für die 6b, dribbelt ein Mädchen aus der 6c den Ball kurz vor den Korb und hat ihn hochgeworfen.

2 *Prüfe deinen Bericht mit Hilfe der Checkliste und überarbeite ihn dort, wo es dir nötig erscheint.*

☑ Checkliste „Einen Bericht verfassen“

Hast du ...

	+	–
☐ ... eine Überschrift gewählt, die das Thema kurz, zutreffend und sachlich benennt?	☐	☐
☐ ... die richtige Form des Präteritums verwendet?	☐	☐
☐ ... den Bericht in einer sachlichen Schriftsprache verfasst, passend zur Schülerzeitung?	☐	☐
☐ ... in deinem Bericht alle W-Fragen sachlich, knapp und verständlich beantwortet?	☐	☐
☐ ... für die Darstellung der Ereignisse abwechslungsreiche Satzanfänge verwendet?	☐	☐
☐ ... deinen Bericht auf Rechtschreibungs- und Zeichensetzungsfehler hin durchgesehen?	☐	☐

Wenn Kinder arbeiten – Über den Alltag der Lehmgrubenkinder berichten

Deine Schule veranstaltet eine Projektwoche zum Thema „Kinderrechte in anderen Erdteilen", für die anschauliche Beispiele gesucht werden.

Berichte auf Grundlage der folgenden Interviewauszüge über die Erfahrungen, die Alonso, ein so genanntes Lehmgrubenkind aus Lima, am 10. Mai 2006 machte.

Reporter: *Alonso, was macht ein elfjähriger Junge wie du in so einer tiefen Lehmgrube?*

Alonso: Ja, das hier ist ein steiler Abhang geworden. Der ist sechs Meter hoch. Mein Bruder und ich, wir haben hier diese große Hacke. Damit haben wir die ganze Erde losgemacht. Siehst du? Unsere Eltern haben die Erde genommen und sie da drüben bewässert. Dafür mussten sie das dreckige Wasser nehmen, was da vorbeifließt. Sie nahmen dann Klumpen aus dem Matsch raus und pressten sie in die Holzformen. Mein Bruder und ich, wir haben die Formen nachher ausgekippt. Da hinten. Es ist sehr anstrengend, jeden Tag die Holzformen zu schleppen. Die sind so ungefähr 20 Kilo schwer. Die Sonne soll die geformte Erde später austrocknen, dann können wir nachmittags die fertigen Steine stapeln.

Reporter: *Wann hast du heute mit der Arbeit angefangen?*

Alonso: So um drei Uhr nachts bin ich aufgestanden. Mein Bruder und ich haben mit einer Lampe das Gelände vorbereitet. Die Hütte unserer Eltern steht ja da hinten in der Lehmgrube. Wir konnten also nach dem Aufstehen sofort loslegen. Wenn's hell wird, kommen immer die Erwachsenen dazu. Vielen Kindern passt das nicht: so früh aufstehen. Aber unsere Eltern schicken uns jeden Tag los.

Reporter: *Heute ist ein ganz normaler Schultag. Musstest du nicht zur Schule?*

Alonso: Wir haben heute acht oder neun Stunden geschuftet. Immer die gleiche Schlepperei! Zwischendurch gingen wir mal kurz zur Schule. Da ist es wenigstens kühl und wir konnten uns etwas erholen. Die Plackerei hier in der Hitze tagein, tagaus, das macht mich ziemlich kaputt. Aber in der Schule können wir oft nicht lange bleiben.

Reporter: *Ist das hier ein Einzelfall oder gibt es in Peru viele Kinder, deren Rechte auf Bildung, Gesundheit, Zugang zu sauberem Wasser, Freizeit und Spiel sowie Schutz vor Ausbeutung nicht eingehalten werden?*

Alejandro Cardenas, Sozialabeiter: Allein hier in dem Vorort Huachipa arbeiten insgesamt 1 000 Kinder auf diese Weise. Es ist eine Schande! In ganz Peru gibt es 1,5 Millionen Kinder, die unter ähnlichen Bedingungen auf Plantagen, in Steinbrüchen oder als Müllsammler schuften. Theoretisch könnten die Lehrer die Kinder auch abends unterrichten, wenn die meisten etwas mehr Zeit haben. Aber dann kann man keinen Unterricht mehr abhalten, weil es kein Licht gibt. Und abends sind die Lehmgrubenkinder sowieso völlig erschöpft. Sie schlafen früh ein.

***Reporter:** Was sagen Sie zu Ihren Lebensverhältnissen und zu Alonsos Arbeit?*

Alonsos Vater: Für 1 000 Steine zahlen sie uns einen Lohn, davon können wir uns zehn Liter Milch kaufen, mehr nicht. Davon kann man kaum existieren. Die Kinder müssen mitschuften, sonst können wir nicht überleben. Leider gibt es hier keinen Strom und kein Leitungswasser. Von dem Dreckwasser wird man leicht krank. Die anderen sechs Familien hier in der Grube sind auch nicht besser dran. Alonso hilft uns sehr.

A Die Aufgabe verstehen

1 *Was sollst du tun? Kreuze an, welche der folgenden Antworten richtig ist und welche nicht.*

Du sollst ...	**richtig**	**falsch**
a) ... die Informationen möglichst genau wiedergeben.		
b) ... die eigene Meinung über Alonsos Arbeit ausklammern.		
c) ... erklären, wieso es vielen Kindern in Lima schlecht geht.		
d) ... die Informationen möglichst lebendig erzählen.		
e) ... die Informationen in einer sinnvollen Reihenfolge wiedergeben.		
f) ... einen sachlichen und nüchternen Bericht schreiben.		
g) ... nacherzählen, was Alonso an diesem Tag erlebt hat.		
h) ... das Präsens verwenden, weil die Darstellung dann spannender ist.		
i) ... das Präteritum verwenden, weil das in einem Bericht üblich ist.		

B Stoff sammeln und ordnen

Den Sachverhalt erfassen

1 *Mache dir klar, um was es in den Interviews geht. Notiere Informationen, die du in deinem Bericht verwenden kannst.*

(1) Wer?	
(2) Was?	
(3) Wann?	
(4) Wo?	
(5) Wie?	
(6) Warum?	
(7) Mit welchen Folgen?	

Informationen in eine sinnvolle Reihenfolge bringen

2 *Wie kannst du in deinem Bericht die Einzelinformationen anordnen? Kreuze an.*

Einen Bericht über einen Tagesablauf verfasst man am sinnvollsten ...

- ☐ a) ... nach Wichtigkeit der Informationen.
- ☐ b) ... in der zeitlichen Reihenfolge.
- ☐ c) ... nach der größten Ungerechtigkeit.
- ☐ d) ... ausgehend von der eigenen Meinung.

3 *Wann im Laufe eines Tages tat Alonso was? Trage Alonsos Tätigkeiten hinter den Tageszeiten in die Tabelle ein. Lege dann die Reihenfolge fest, in der du von Alonsos Tagesablauf berichten würdest.*

Nr.	Tageszeiten	Tätigkeiten
☐	vormittags	______
☐	nachmittags	______
☐	früh am Abend	schlief er ein ______
☐	3 Uhr nachts	

C Übungen

Einen Einleitungssatz schreiben

1 *In einem Bericht sollten die wichtigsten Informationen schon in der Einleitung stehen. Beantworte dazu die ersten vier W-Fragen aus deiner Stoffsammlung von Seite 23. Setze den Satz fort:*

Tipp

Wenn du eine Person oder Sache zum ersten Mal erwähnst, verwendest du den unbestimmten Artikel.

Der 10. Mai 2006 war für Alonso, ______

______ ein ganz normaler Tag.

Umgangssprache in Schriftsprache übertragen

2 *Wenn man spricht, verwendet man oft andere Wörter als in geschriebenen Texten. Einige Aussagen aus den Interviews musst du in die Schriftsprache übertragen. Finde angemessene Ausdrücke für:*

dreckig: ______ raus: ______

3 *Markiere in den Interviewauszügen andere Wörter, die in Schriftsprache übertragen werden müssten. Notiere sie hier und finde jeweils eine passende Übertragung.*

______

4 *Oft muss man auch Grammatik und Satzbau ändern. Ersetze im Beispiel das markierte Wort durch ein passendes.*

[...] dafür das dreckige Wasser nehmen, **was** dort vorbeifließt.

Besser: ______

______

5 *Schreibe folgende Sätze so um, dass sie in einen geschriebenen Text passen. Arbeite in deinem Heft. Überlege zunächst selbst. Falls dir keine Mängel auffallen, hilft dir der Tipp unten weiter.*

a) Vielen Kindern passt das nicht: so früh aufstehen.

b) Wenn's hell wird, kommen immer die Erwachsenen dazu.

Tipp

Schriftsprache verwenden

- Verwende in einem Bericht vollständige Sätze mit Subjekt und Prädikat.
- Füge unvollständige Sätze möglichst zu einem vollständigen Satz zusammen.
- Ersetze Kurzformen wie „fürs" durch die ausführliche Schreibweise „für das".

D Den Schreibplan erstellen

Einen Bericht Schritt für Schritt aufbauen

1 *Verwende als **Einleitung** die Sätze, die du in Aufgabe C1 bereits formuliert hast, und übertrage sie in dein Heft.*

2 *a) Für den **Hauptteil** deines Berichts benötigst du viele Satzverknüpfungen, die die **zeitliche Reihenfolge des Geschehens** deutlich machen. Ergänze dazu die Liste der Signalwörter für den Tagesablauf rechts.*
b) In Aufgabe B3 hast du Alonsos Tätigkeiten im Verlauf eines Tages bereits gesammelt und in eine sinnvolle Reihenfolge gebracht. Greife auf diese Tabelle zurück, um jetzt den Hauptteil des Berichts in dein Heft zu schreiben.

3 *Schreibe zuletzt einen **Schluss**, in dem du die verbleibenden Fragen* Mit welchen Folgen? *und* Warum? *beantwortest. Wähle anschließend aus den folgenden Beispielen einen Satzanfang aus, der gut als Schlusssatz zum Thema der Projektwoche passt.*

Signalwörter für den Tagesablauf

- Mitten in der Nacht ...
- Anschließend ...
- In den folgenden Stunden ...
- Tagsüber ...
- ______________________
- ______________________
- ______________________

- Der Bericht zeigt, dass die Lehmgrubenkinder in Lima auf das Recht auf Bildung ebenso verzichten müssen wie auf das Recht ...
- Der Bericht macht deutlich, dass die Lehmgrubenkinder in Lima gar nicht wie Kinder leben können, weil ....

E Den eigenen Text überarbeiten

1 *Lies deinen Text sorgfältig durch und verbessere ihn mit Hilfe der Checkliste, wo es nötig ist.*

☑ Checkliste „Einen Bericht verfassen"

Hast du ...	+	–
... in der Einleitung kurz die Fragen „Wer?", „Was?", „Wann?" und „Wo?" beantwortet?	☐	☐
... nur über Alonsos Tagesablauf berichtet und auf Nebensächlichkeiten verzichtet?	☐	☐
... im Hauptteil Alonsos Tätigkeiten in sinnvoller Reihenfolge dargestellt?	☐	☐
... die zeitliche Folge der Tätigkeiten durch geeignete Satzverknüpfungen verdeutlicht?	☐	☐
... im Bericht über zurückliegende Erlebnisse durchgehend das Präteritum verwendet?	☐	☐
... einen Schlusssatz verfasst, der auch auf das Thema der Projektwoche eingeht?	☐	☐
... in deinem Bericht zum Schluss Rechtschreibung und Zeichensetzung überprüft?	☐	☐

(K)ein eigener Klassenraum? – Eine Stellungnahme für die Schulleitung verfassen

Im Lessing-Gymnasium wird darüber nachgedacht, statt der üblichen festen Räume für jede Klasse (Klassenraumprinzip) eigene Räume für Lehrerinnen und Lehrer einzurichten (Lehrerraumprinzip).
Verfasse auf Basis der Argumente, die auf der Pinnwand unten stehen, eine schriftliche Stellungnahme für die Schulleitung. Benenne deine Meinung zum Thema und stütze sie mit drei Argumenten.

A Die Schülerinnen und Schüler lernen nicht mehr, durch Ordnungsdienste Verantwortung für einen Raum zu übernehmen.

B Die Lehrkräfte haben weniger Stress und bessere Laune, weil sie nicht ständig zwischen den Räumen hin- und herhetzen müssen.

C Die Sitzordnung in allen Räumen ist unterschiedlich, dadurch entsteht eine größere Unruhe in der Klasse.

D Der Raumwechsel entspricht dem Bedürfnis der Schülerinnen und Schüler, sich zwischen den Stunden zu bewegen. Während die Schülerinnen und Schüler im Klassenraum warten, gehen beim Toben oft Schulmöbel und persönliche Gegenstände der Schülerinnen und Schüler entzwei.

E In den Räumen können im Unterricht erstellte Materialien bzw. Lernplakate oder Fachmaterialien, z. B. Fotos bekannter Autoren, angebracht werden. So werden die Schülerinnen und Schüler bereits beim Betreten des Raumes auf das Fach eingestimmt.

F Die Räume werden mit dem jeweiligen Fachmaterial (z. B. Wörterbücher, Grammatik) ausgestattet, damit die Lehrerin oder der Lehrer spontan und flexibel auf die Materialien zugreifen kann.

G Während des Raumwechsels sind die Gänge so überfüllt, dass es zu Gedränge und Streit führen kann.

H Es gibt Spinde für Bücher und Hefte, sodass die Schülerinnen und Schüler nicht alle Materialien ständig tragen müssen.

I Die Wege in der Schule sind teilweise so lang, dass es den Schülerinnen und Schülern in der Fünf-Minuten-Pause nicht gelingt, den Raum zu wechseln.

J Die Schulranzen sind zu schwer. Das Tragen von Raum zu Raum ist nicht gut für die Gesundheit.

K Die Schülerinnen und Schüler haben keinen eigenen Raum mehr, den sie entsprechend ihren Wünschen z. B. mit Postern oder Fensterbildern dekorieren können.

A Die Aufgabe verstehen

1 *Hast du die Aufgabe genau gelesen? Kreuze an, was Teil der Aufgabe ist und was nicht.*

Du sollst ...	**richtig**	**falsch**
a) ... die vorgegebenen Argumente zusammenfassen.	☐	☑
b) ... deine eigene Meinung zu dem Thema formulieren.	☑	☐
c) ... eine Stellungnahme für die Schulleitung schreiben.	☑	☐
d) ... alle genannten Argumente dabei berücksichtigen.	☐	☑
e) ... in der Stellungnahme drei Begründungen für deine Meinung nennen.	☑	☐
f) ... die Frage mit deinen Klassenkameraden diskutieren.	☐	☑

B Stoff sammeln – Meinungen zuordnen

Inhalte klären

1 *Worum geht es in der Diskussion am Lessing-Gymnasium? Setze die folgenden Satzanfänge fort.*

a) **Klassenraumprinzip** bedeutet ... dass die Klasse einen eigenen Raum hat.

Die Lehrerinnen und Lehrer ... gehen zu den Klassenräumen, wo sie Unterricht haben.

b) Unter **Lehrerraumprinzip** versteht man ... dass die Lehrer eigene Räume haben.

Die Klassen ... müssen in die Räume der Lehrer wo sie gerade Unterricht haben.

Begründungen erkennen und einordnen

2 *a) Umrande die Argumente von der Pinnwand, die für das Lehrerraumprinzip sprechen, mit grüner Farbe. Markiere anschließend die Gegenargumente mit roter Farbe.*
b) Fasse die Argumente stichwortartig zusammen und übertrage sie mit den Buchstaben, die ihnen zugeordnet sind, jeweils in die richtige Tabellenspalte. Zwei Beispiele sind schon eingetragen.
c) Fallen dir noch weitere Argumente ein? Ergänze Stichworte auf beiden Seiten der Tabelle.

Argumente **für** den Lehrerraum	Argumente **gegen** den Lehrerraum
+ ... Die Lehrer haben bessere Laune und weniger Stress.	− ... A Schüler übernehmen keine Verantwortung für Lehrerräume
+ ... Raumwechsel sorgt für Bewegung bei Schülern.	− ... C Unruhe durch wechselnde Sitzordnung
+ ... Während Schüler auf Lehrer warten, wird es unruhig.	− ... Gänge sind während dem Wechsel überfüllt.
+ ... Lehrer können den Raum als reinen Fachraum gestalten	− ... die Wege sind zu lang um in den 5-Minutenpausen rechtzeitig zu sein.
+ ... Die Lehrer können die Räume mit Fachmaterial ausstatten.	− ... Die Schultaschen der Schüler ist sehr schwer. Das rumtragen ist nicht
+ ...	− ... gut für den Rücken.

Die Schüler können keinen Raum mehr nach ihren Wünschen dekorieren.

3 *Wähle jeweils zwei wichtige Pro- und Kontra-Argumente aus und überlege dir zu jedem dieser vier Argumente ein passendes, anschauliches Beispiel. Der Kasten unten hilft dir dabei. Arbeite in deinem Heft.*

Argumente durch Beispiele stützen

Überzeugende Argumente bestehen aus einer Behauptung, die anschließend gut begründet wird. Um ein solches Argument zu stützen, kannst du anschauliche Beispiele oder nachvollziehbare Belege anführen.
Behauptung: *Die Schülerinnen und Schüler müssen ihre Materialien nicht ständig tragen, ...*
Begründung: *... **weil** es Spinde für Bücher und Hefte gibt.*
Beispiel/Beleg: *In unserer Schule stehen **beispielsweise** auf allen Fluren Spinde, die von vielen Schülerinnen und Schülern gern benutzt werden.*

C Übungen

Adressatengerecht formulieren

1 *Die folgenden Äußerungen sind einer Stellungnahme an die **Schulleitung** sprachlich nicht angemessen. Finde bessere Formulierungen. Arbeite in deinem Heft.*

a) Ich finde es voll blöd, wenn wir keinen eigenen Klassenraum mehr haben.
b) Ich finde es halt total cool, dass das dämliche Hetzen nun ein Ende hat.

Begründungszusammenhänge herstellen

Mit Gliedsätzen Zusammenhänge deutlich machen

Gliedsätze, die mit den Konjunktionen *weil* oder *da* eingeleitet werden, geben einen Grund an, z. B.: *Die Lehrerinnen und Lehrer sind gut gelaunt, **weil** sie weniger hetzen **müssen**.*
Gliedsätze, die mit den Konjunktionen *sodass* oder *dass* eingeleitet werden, geben eine Folge an, z. B.: *Es gibt Spinde für Bücher und Hefte, **sodass** die Schüler/innen nicht alle Materialien ständig tragen **müssen**.*
Bei Gliedsätzen steht das konjugierte Verb am Satzende.

2 *Die Wörter in den Sätzen sind durcheinandergeraten. Ordne die Wörter so, dass je ein sinnvoller Haupt- und Nebensatz entsteht, indem du die Wörter nummerierst. Notiere anschließend den korrekten Satz und setze die Zeichen richtig. Arbeite in deinem Heft.*

a) den fallen häufig herunter Butterbrote Müll oder Schülern Stifte / unruhig sie sind da.
b) das der ist Schulranzen Tragen ungesund / diese oft schwer sind weil zu.
c) die den durch entstehen Freundschaften in Räumen wechselnde Sitzordnung / das sich Klassenklima sodass verbessert.

3 *Verbinde je zwei Sätze durch die passende Konjunktion.*

a) Die Lehrer kommen manchmal zu spät zum Unterricht.	da	Sie müssen von dort das Material für die nächste Stunde holen. (1)
b) Die Schüler sind in der Fünf-Minuten-Pause oft unruhig.	weil	Sie müssen ihre Bücher und Hefte nicht immer tragen. (2)
c) Die Schüler können ihre Bücher in Spinden einschließen.	da	Sie haben jede Stunde in einem anderen Raum Unterricht. (3)
d) Die Lehrkräfte gehen zwischen den Stunden ins Lehrerzimmer.	so-dass	Schüler haben am Ende des Unterrichts noch Fragen. (4)
e) Die Schüler können ihren Raum nicht gestalten.	weil	Sie müssen den ganzen Tag still sitzen und haben zu wenig Bewegung. (5)

4 *Wandle die Sätze aus der Tabelle in Satzgefüge um. Stelle dazu den Satzbau im Nebensatz um und setze das Komma an der richtigen Stelle. Arbeite in deinem Heft. Orientiere dich an folgendem Beispiel:*
Die Schüler können ihren Raum nicht gestalten, **weil** sie jede Stunde in einem anderen Raum Unterricht **haben**.

D Den Schreibplan erstellen

1 *Überlege, wie du deine Stellungnahme sinnvoll gliederst. Nummeriere dazu die einzelnen Gliederungspunkte aus der linken Tabellenspalte in der richtigen Reihenfolge.*

Gliederungspunkt:		Formulierungshilfe:
6	Du verwendest eine angemessene Grußformel.	Mit freundlichen Grüßen, ...
5	Du äußerst abschließend einen Wunsch, eine Empfehlung oder eine Aufforderung.	Ich wünsche mir daher ... Es sollte deshalb ...
2	Du nennst das Thema der Diskussion.	An unserer Schule wird gerade über ... diskutiert. Die Lehrkräfte sind der Meinung, ... Viele Schülerinnen und Schüler (hingegen) denken, ...
1	Du wählst eine passende Anrede.	Sehr geehrte(r) Frau/Herr ...
3	Du sagst deine Meinung in einem Satz.	Ich spreche mich aus für: ...
4	Du begründest deine Meinung mit drei Argumenten.	Zunächst einmal ..., weil ... Außerdem ..., da ... Schließlich ..., denn ...

2 *Schreibe nun eine vollständige Stellungnahme an die Schulleitung in dein Heft.
Du kannst dabei die Formulierungshilfen der rechten Tabellenspalte verwenden.*

E Den eigenen Text überarbeiten

1 *Prüfe anhand der folgenden Checkliste, wo du deinen eigenen Text noch überarbeiten solltest.*

☑ Checkliste „Eine Stellungnahme verfassen“

Hast du ...	+	−
☐ ... zu Beginn das Thema der Diskussion benannt?	☐	☐
☐ ... deine Meinung in einem Satz klar zum Ausdruck gebracht?	☐	☐
☐ ... deine Meinung mit drei Argumenten nachvollziehbar begründet?	☐	☐
☐ ... die Argumente und Begründungen durch Konjunktionen verbunden?	☐	☐
☐ ... deine Argumente durch Beispiele oder Belege untermauert?	☐	☐
☐ ... deine Stellungnahme mit Wünschen oder Forderungen beendet?	☐	☐
☐ ... bei den Formulierungen an den Adressaten gedacht (Schulleitung)?	☐	☐
☐ ... eine Anrede und eine Grußformel verwendet?	☐	☐
☐ ... die Rechtschreibung und Zeichensetzung überprüft?	☐	☐

Gotthold Ephraim Lessing: Der Esel und der Wolf – Eine Fabel schreiben (Paralleltext)

1. Schreibe eine Parallelfabel, die zu der Fabel „Der Esel und der Wolf" passt. Lass darin zwei andere Tiere auftreten.
2. Formuliere am Ende eine Moral (= Lehre), die für beide Texte gelten kann.

Gotthold Ephraim Lessing

Der Esel und der Wolf

Ein Esel begegnete einem hungrigen Wolfe. „Habe Mitleid mit mir", sagte der zitternde Esel, „ich bin ein armes krankes Tier; sieh nur, was für einen Dorn ich mir in den Fuß getreten habe!" „Wahrhaftig, du dauerst[1] mich", versetzte der Wolf. „Und ich finde mich in meinem Gewissen verbunden[2], dich von deinen Schmerzen zu befreien." Kaum ward das Wort gesagt, so ward der Esel zerrissen.

1 **dauern:** leid tun 2 **sich in seinem Gewissen verbunden finden:** sich dazu verpflichtet fühlen

A Die Aufgabe verstehen

1 *Lies die Aufgabenstellung genau. Was ist Teil der Aufgabe, was nicht? Kreuze an.*

Du sollst ...	**richtig**	**falsch**
a) ... den Text mit deinen eigenen Worten kurz wiedergeben.	☐	☐
b) ... eine ganz neue Fabel erfinden, in der auch ein Wolf vorkommt.	☐	☐
c) ... eine Parallelfabel mit zwei anderen Tieren schreiben.	☐	☐
d) ... dabei die Fabelmerkmale beachten.	☐	☐
e) ... eine Lehre verfassen, die auch zur Fabel „Der Esel und der Wolf" passt.	☐	☐
f) ... die Fabel in eine spannende Tiergeschichte umwandeln.	☐	☐

2 *In Fabeln führen Tiere oft Streitgespräche, an deren Ende häufig der stärkere oder listigere Gegner siegt. Kreuze an, welche der folgenden Merkmale auf Fabeln zutreffen und welche nicht.*

Fabeln ...	**trifft zu**	**trifft nicht zu**
a) ... sind ausführliche, spannend erzählte Tiergeschichten.	☐	☐
b) ... sind kurze und lehrhafte Texte.	☐	☐
c) ... bestehen meist aus einem einleitenden Erzählteil und einem sich daran anschließenden Dialogteil (in wörtlicher Rede).	☐	☐
d) ... handeln von Menschen, die sich in Fabelwesen verwandeln.	☐	☐
e) ... handeln von Tieren, die menschliche Eigenschaften verkörpern.	☐	☐
f) ... enthalten eine Lehre, die am Ende in jedem Fall genannt wird.	☐	☐
g) ... üben oft Kritik am Einzelnen oder an der Gesellschaft.	☐	☐

B Den Text verstehen – Ideen entwickeln

Die Eigenschaften der Tiere erkennen

1 *Fabeln leben von den Tieren und den Eigenschaften, die diesen Tieren typischerweise zugesprochen werden. Ergänze die passenden Eigenschaften aus dem Wortspeicher und streiche alle, die nicht passen.*

Wortspeicher

feige dumm stark gerissen schwach brutal gutmütig störrisch angeberisch falsch freundlich

a) Der **Wolf** als Fabeltier gilt als ______________________________.

b) Der **Esel** als Fabeltier gilt als ______________________________.

Verhaltensweisen durchschauen: Von der Handlung zur Moral

2 *Die Handlung einer Fabel ist oft sehr knapp dargestellt, da sie nur als lehrreiches Beispiel gedacht ist. Um die* ***Moral*** *(= Lehre) einer Fabel zu erkennen, musst du also ihre Handlung verstanden haben.*

a) Die folgende Zusammenfassung der Fabel ist durcheinandergeraten. Nummeriere die Sätze der Zusammenfassung in der Reihenfolge, wie sie dem Handlungsverlauf entspricht.

☐ Der Wolf heuchelt sein Mitleid nur und frisst den Esel am Ende.

☐ Ein hungriger Wolf und ein Esel begegnen sich.

☐ Trotzdem bittet er um Mitleid, weil er sich den Fuß verletzt hat.

☐ Es wird deutlich, dass der Stärkere seine Überlegenheit brutal ausnutzt.

☐ Der Esel weiß, dass er für den Wolf eine leichte Beute ist und sich nicht wehren kann.

☐ Der Wolf merkt sofort, dass der Esel nicht fliehen kann, da sein Fuß lahm ist.

b) Die Handlung einer Fabel folgt einem bestimmten Aufbau. Ordne die Sätze der Zusammenfassung oben den folgenden drei Teilen zu.

Einleitungssatz: Nr. ________ **Dialogteil:** Nr. ________________ **Schluss:** Nr. ________

Vergleichbare Tiere auswählen – Die Parallelhandlung finden

3 *In einer Klassenarbeit ist für die Parallelfabel zwischen folgenden Tieren zu wählen:*
a) Elefant und Maus, b) Fuchs und Gans, c) Löwe und Hund.
Fast alle Schülerinnen und Schüler entschieden sich für „Fuchs und Gans". Begründe kurz, warum sich das ausgewählte Tierpaar für einen Paralleltext besonders eignet.

____

____

4 *Der Esel wollte Mitleid erregen und so seinem sicheren Tod entgehen. Wie könnte die Gans Mitleid beim Fuchs erregen wollen? Überlege dazu, welche Idee der Fabel von Wolf und Esel eher entspricht.*

a) Die Gans ist alt und schwach. b) Die Gans verweist darauf, dass sie niemandem etwas getan hat.

Begründung ☐ entspricht dieser Fabel eher, denn ... ______________________________

____

C Übungen

Den Einleitungssatz verfassen

1 *a) Für Fabeln gilt: Je knapper, desto besser. Streiche alle überflüssigen Wörter, Wortgruppen und Teilsätze.*

Eine alte Gans, die in einem großen Park zu Hause war, traf eines sonnigen Tages auf einen hungrigen, rötlich gefärbten Fuchs, der schon seit mehreren Wochen kaum etwas zu fressen bekommen hatte.

b) Schreibe nun den gekürzten ***Einleitungssatz****.*

____

____

Den Dialogteil gestalten – Die Handlung beenden

2 *Im Mittelpunkt einer Fabel steht oft ein* ***Konflikt*** *(= Streit) der Tiere, der zunächst mit Worten ausgetragen und dann beendet wird. Prüfe den folgenden Entwurf für* ***Dialogteil*** *und* ***Schluss****: Vier Sätze entsprechen nicht ganz den Merkmalen einer Fabel. Streiche sie.*

(1) ~~Es war einmal eine Gans.~~ (2) Die Gans begrüßte den Fuchs und wünschte ihm mit zitternder Stimme einen guten Tag. (3) ~~Der Fuchs solle Mitleid mit ihr haben,~~ sagte die Gans, ~~sie sei schon sehr alt und schwach.~~ (4) Sie habe sowieso nur noch kurze Zeit ~~zu leben~~. (5) ~~Außerdem wolle sie sich noch um ihre Kinder kümmern.~~ (6) ~~Das rötliche Fell des Fuchses flimmerte in der Julisonne.~~ (7) ~~Er lächelte die Gans an und freute sich insgeheim schon auf sein Mittagessen.~~ (8) Da habe sie Recht und sie tue ihm leid. (9) Er werde sie von ihren Beschwerden erlösen, entgegnete der Fuchs und fraß sie auf.

3 *Schreibe den gekürzten Text in einen Dialog mit* ***wörtlicher Rede*** *um.*
Achte dabei auch auf die korrekte Verwendung der Satzzeichen (siehe hintere Umschlagseite).
Verwende die Redeeinleitungen aus dem Textentwurf oben (siehe Satz 3 und Satz 9).

„Habe Mitleid mit mir!", sagte die Gans, „Ich ..." ______________________________

____

____

____

____

____

____

____

____

D Schreiben

1 *Schreibe die vollständige Fabel mit kurzem **Einstieg, Dialogteil** in wörtlicher Rede und **Schluss** in dein Heft. Verwende dazu deine Vorarbeiten (Aufgabe B 2 und Aufgaben C 1 und 2).*

Die Lehre formulieren

2 *Die Sätze in der linken Tabellenspalte sollen die Moral (Lehre) zu beiden Fabeln (S. 30 und S. 32, Aufgabe 2) benennen. Ordne die Bewertungen zu: Welche Moral passt am besten zu beiden Fabeln?*

Moral (= Lehre)	Verbesserungsvorschlag
1. Wer die Macht hat, kann andere leicht verspotten.	a) Passt am besten. Was fehlt, ist die Tatsache, dass die Starken die Schwachen ganz bewusst missverstehen und verspotten.
2. Wenn man alt wird, wird alles schwerer.	b) Passt nur zur zweiten Fabel und trifft auch nicht den Kern.
3. Wenn die Schwachen auf das Mitleid der Starken hoffen, sind sie verloren.	c) Passt gut zu beiden Fabeln, ist aber etwas verharmlosend.

3 *Verbessere die Moral, die am besten passt. Setze dazu den zugehörigen Verbesserungsvorschlag um*

____

____

____

4 *Formuliere nun – mit deinen eigenen Worten – ausgehend von den Beispielen in Aufgabe 2 und 3 eine Moral (= Lehre) für deine Fabel. Arbeite in deinem Heft.*

E Den eigenen Text überarbeiten

1 *Ergänze in der Fabel die fehlenden Satzzeichen bei der wörtlichen Rede (siehe hintere Umschlagseite).*

Gotthold Ephraim Lessing

Der hungrige Fuchs

Ich bin zu einer unglücklichen Stunde geboren! so klagte ein junger Fuchs einem alten. Fast keiner von meinen Anschlägen[1] will mir gelingen. Deine Anschläge[1], sagte der ältere Fuchs, werden ohne Zweifel doch klug sein. Lass doch hören, wann machst du deine Anschläge? Wann ich sie mache? Wann anders, als wenn mich hungert? Wenn dich hungert?, fuhr der alte Fuchs fort. Ja, da haben wir es! Hunger und Überlegung sind nie beisammen[2]. Mache sie künftig, wenn du satt bist, und sie werden besser ausfallen.

1 **Anschläge:** Überfälle auf andere Tiere
2 **sind nie beisammen:** schließen sich aus

Münchhausens unglaubliche Seeabenteuer – Eine Lügengeschichte zu Ende schreiben

Schreibe die Münchhausengeschichte über das zweite Seeabenteuer zu Ende. Dabei solltest du …
1. … in deiner Erzählung die Merkmale einer Lügengeschichte verwenden und
2. … den Höhepunkt deiner Geschichte so gut und genau wie möglich ausgestalten.

Baron von Münchhausen

Zweites Seeabenteuer

Im Jahre 1766 ging ich, meine Herren, in der englischen Stadt Portsmouth an Bord eines großen Kriegsschiffes mit hundert Kanonen und vierzehnhundert Mann, das mich nach Amerika bringen sollte. Auf unserer Seereise begegnete uns nichts Merkwürdiges, bis wir ungefähr noch 500 Kilometer von dem St.-Lorenz-Flusse entfernt waren. Hier stieß das Schiff mit erstaunlicher Gewalt gegen etwas, das uns wie ein Fels vorkam. Gleichwohl konnten wir, als wir den Anker auswarfen, mit 500 Klaftern[1] noch keinen Grund finden. Was diesen Vorfall noch wunderbarer und fast unbegreiflich machte, war, dass wir unser Steuerruder verloren, das Bugspriet[2] mitten entzweibrach und alle Masten von oben bis unten zersplitterten. Zwei Masten wurden durch den Aufprall sogar über Bord geschleudert.

1 **Klafter:** Längenmaß, entspricht ca. 1,80 Meter 2 **Bugspriet:** Spitz zulaufender, vorderer Schiffsteil

A Die Aufgabe verstehen

1 *Lies die Aufgabenstellung genau. Kreuze an, was dazu gehört und was nicht.*

Du sollst …	richtig	falsch
a) … den Anfang der Münchhausengeschichte ausführlich nacherzählen.	☐	☐
b) … die Geschichte so weit fortsetzen, dass deutlich wird, wie sie ausgeht.	☐	☐
c) … eine neue Geschichte über ein Seeabenteuer Münchhausens erfinden.	☐	☐
d) … Elemente vom Anfang der Geschichte für die weitere Handlung nutzen.	☐	☐
e) … auf einen deutlich erkennbaren, spannenden Höhepunkt hin erzählen.	☐	☐
f) … inhaltliche und sprachliche Merkmale einer Lügengeschichte einbauen.	☐	☐

B Den Text verstehen – Ideen entwickeln

1 *Hast du die einleitenden Angaben zu Zeit, Ort und Figuren verstanden? Streiche im folgenden Text die falschen Angaben durch. Wenn du unsicher bist, lies noch einmal genau im Erzählanfang nach.*

In der Geschichte erzählt der Baron von Münchhausen in der **(1)** Er-Form / Ich-Form über ein Abenteuer **(2)** zu Land / zu Wasser. Er berichtet, dass er seine Reise nach **(3)** Mexiko / Amerika von **(4)** England / Frankreich mit **(5)** einer französischen Fregatte / einem englischen Kriegsschiff angetreten habe. **(6)** 200 Kilometer / 500 Kilometer vor dem St.-Lorenz-Strom seien sie durch **(7)** einen tobenden Sturm / ein großes Hindernis in Seenot geraten. Es habe sich bei dem Hindernis **(8)** um ein Korallenriff / um etwas Felsähnliches gehandelt. Dabei sei das Meer an dieser Stelle **(9)** sehr tief / eher flach gewesen. Der Aufprall habe dem Schiff **(10)** einen großen Schaden / nur unbedeutende Schrammen beigefügt.

Deutschbuch

Trainingsheft für Klassenarbeiten und Lernstandstests

Gymnasium Nordrhein-Westfalen

Lösungen **6**

220002073

▷ S. 6 Konflikte im Schulalltag – Einen Erzählkern lebendig ausgestalten

▷ S. 6 A Die Aufgabe verstehen

1 *Folgende Aussagen treffen zu: a) D, b) C, c) C, d) D.*

▷ S. 6 B Stoff sammeln – Ideen entwickeln

1 *In dieser Reihenfolge finden die Ereignisse statt: F, C, D, B, E, A.*

2 *So könnte der Konflikt zum Beispiel geklärt werden:*
Die Lehrerin beruhigt Leon. Amin entschuldigt sich betroffen. Das Bild lässt sich mit einem Fön trocknen. Amin hilft, das Bild zu retten. Ich überzeuge Leon, dass sein Bild noch schöner ist als vorher.

▷ S. 7 C Übungen

1

Leon	zornig, (nicht) nachtragend, ruhig, gründlich
Amin	überdreht, ungeduldig, wild, rastlos, fröhlich, unvorsichtig
Lehrerin	streng, einfühlsam, konsequent
Ich-Erzähler/in	überlegt, ruhig, geistesgegenwärtig, schnell
Mitschüler/innen	entsetzt, unruhig

2 *So könnte der Höhepunkt ausgestaltet werden:*
Gerade noch hatte Leon seine letzten Pinselstriche gesetzt, als Amin auf einmal frisches Wasser holen wollte, wie aus heiterem Himmel aufsprang und wild mit den Armen ruderte. Unverhofft fiel Leons Wasserbecher um. Schneller als Leon reagieren konnte, lief schmutziges Wasser über den Tisch und sein Bild. Die Farben verwischten und tropften auf den Boden. Leon war entsetzt und begann plötzlich, wie von der Tarantel gestochen zu brüllen. Amin war zur Salzsäule erstarrt. Unerwartet beschimpften einige Mitschüler Amin, während andere Leon trösteten. Ist der Wettbewerbsbeitrag nun zerstört? Ratlosigkeit herrschte unter den Schülern. Totenstille. Aber dann hatte ich in letzter Sekunde eine Idee.

3 *Die Adjektive lauten (in dieser Reihenfolge): sorgfältig, großformatige, weiße, frisches, dünnen, metallisch.*

▷ S. 8 **4** *a) + b) Folgende Redebegleitsätze gehören zu den Aussagen:*

(4) „Amiiiiin!!!“,	*schrie Leon. (a)*
(2) „Lass mal, das kriegen wir hin“,	*beruhigte ich Leon. (b)*
(c) Erneut brüllte Amin durch den ganzen Raum:	*„Ich habe heute Geburtstag!“ (3)*
(d) Die Lehrerin forderte Amin auf:	*„Setz dich bitte auf deinen Platz!“ (1)*
(e) Da flüsterte ich Amin ins Ohr:	*„Ich habe eine Idee.“ (6)*
(5) „Gleich bin ich fertig“,	*verkündete Leon stolz. (f)*

5 *Folgende Verben gehören zum Wortfeld sagen: schrie, brüllte, forderte auf, flüsterte, verkündete*
Mögliche Ergänzung: erwiderte, erzählte, gab zu verstehen, antwortete, zischte, fauchte, murmelte, rief, usw.

6 *Eine mögliche Lösung wäre:*
Ich sah, wie Leon eifrig an seinem Bild arbeitete. Er bemerkte *nicht, was um ihn herum geschah, so vertieft arbeitete er. Amin hingegen* sprang *quer durch den Kunstraum. Erst rannte er zur Lehrerin, dann* eilte *er zu seinem Platz zurück.*

7 *Diese Tempusformen sind richtig (in dieser Reihenfolge): tauchte, wollte, flossen, schillerten, fragte, erzeugt hatte, konnte, zeigte, betrachtete.*

▷ S. 8 D Den Schreibplan erstellen

1 *Eine mögliche Lösung könnte sein:*
A Der Countdown lief, morgen war der Einsendeschluss des Wettbewerbs. Da passierte es.
B Manchmal kommt es anders, als man denkt. Aber ich sollte mich irren.

2 *Hier gibt es keine richtige oder falsche Lösung – entscheide, was dir am wahrscheinlichsten erscheint.*

▷ S. 9 **3** *In dieser Reihenfolge kannst du die Erzählschritte anordnen: c), f), b), g), i), h), a), j), e), d) und k).*

4 *Folgende Ideen passen: a), c) und e).*

5 *Diese Überschriften passen: b) und f), eventuell auch e) oder d).*

6 *So könnte deine Erzählung aussehen:*

Manchmal kommt es anders, als man denkt. So wie in der letzten Kunststunde. Da war ganz schön was los. Ich dachte, jetzt ist die Freundschaft zwischen Leon und Amin ein für allemal beendet. Aber ich sollte mich irren.
Ich sah, wie Leon eifrig an seinem Bild arbeitete, das er am nächsten Tag bei einem Malwettbewerb einreichen wollte. Es war mit Abstand das schönste von allen. Nach drei Wochen harter Arbeit war es fast fertig. Leon bemerkte nicht, was um ihn herum geschah, so vertieft arbeitete er. Amin hingegen, der heute Geburtstag hatte und sich schon auf seine Feier am Nachmittag freute, sprang quer durch den Kunstraum, rannte zur Lehrerin, die ihn schließlich in strengem Ton aufforderte: „Setz dich bitte auf deinen Platz, Amin!“ Gerade noch hatte Leon seine letzten Pinselstriche gesetzt, als Amin auf einmal frisches Wasser holen wollte, wie aus heiterem Himmel aufsprang und wild mit den Armen ruderte. Unverhofft fiel Leons Wasserbecher um. Schneller als er reagieren konnte, lief schmutziges Wasser über den Tisch und sein Bild.
Die Farben verwischten und tropften auf den Boden. Leon war entsetzt und begann plötzlich, wie von der Tarantel gestochen zu brüllen: „Amiiiiin!!!“ Amin stand da, wie zur Salzsäule erstarrt. Die Klasse wurde unruhig. Unerwartet beschimpften einige Mitschüler Amin, während andere Leon trösteten. Ist der Wettbewerbsbeitrag nun zerstört? Konnte Leon so noch gewinnen? War all die Mühe vergeblich? Ratlosigkeit herrschte unter den Schülern. Aber dann hatte ich in letzter Sekunde eine Idee.
Blitzschnell lief ich zur Sportlehrerin, um mir ihren Fön, den sie immer in der Umkleide hatte, auszuleihen. Wieder zurück, trockneten Amin und ich das Bild, während die Kunstlehrerin Leon beruhigte. Der Wettbewerbsbeitrag war gerettet und so konnten wir am Nachmittag alle fröhlich mit Amin seinen Geburtstag feiern.

▷ S. 10 Freunde halten zusammen – Eine Geschichte zu Bildern erzählen

▷ S. 10 A Die Aufgabe verstehen

1 *Folgende Aussagen sind richtig: a), d) und e).*

▷ S. 11 B Ideen entwickeln

1 *Die richtige Entscheidungen sind: b) und B).*

2 *a) + b) Die Lösung könnte lauten:*

Bild 1/2	*Jonas und Julius tobten an einer Skater-Halfpipe.* → *Sie waren völlig* ausgelassen und fröhlich.
Bild 3	*Jonas* flüsterte*:* „Die schon wieder!“ → *Wut stieg in ihm hoch. Julius verspürte auch etwas Angst, weil* der Hund sie ankläffte.
Bild 4	*Mara* tauchte plötzlich auf. → Empört schimpfte sie mit der Nachbarin.
Bild 5/6	*Die Freunde* hängten gemeinsam Schilder im Skateboardpark auf. → Sie freuten sich über ihre gute Idee.

3 *Mögliche weitere Ideen sind:* Jonas und Julius sahen Mara schon von Weitem und fühlten sich dadurch gerettet. → Frau Schneider ließ nicht von den Jungen ab und stachelte den Hund immer weiter an. → Jonas und Julius konnten über das Erlebnis lachen. → Mara redete auf Frau Schneider ein, bis sie den Skateboardpark verließ.

4 *Eine mögliche Lösung könnte lauten:* ***Bild 2:*** Frau Schneider schrie: „Schluss mit dem Krach!“*;* ***Bild 3:*** Der Hund sprang an der Halfpipe hoch, schnappte nach Jonas' Hosenbein*;* ***Bild 4:*** Mara redete auf Frau Schneider ein, bis sie den Skateboardpark verließ*;* ***Bild 5:*** Jonas und Julius waren erleichtert und malten entschlossen Schilder für den Park*;* ***Bild 6:*** Alle waren froh, dass Jonas nicht gebissen wurde.

▷ S. 12 C Übungen

1

Bild	*gemeinsame Unternehmung*	*gut für Freundschaft, weil …*
1 + 2	*Jonas und Julius hatten schon oft zusammen* etwas unternommen.	*… sie dabei gespürt hatten,* wie gut sie zusammen Spaß haben können.
6	Die Freunde hängten gemeinsam Schilder auf.	… sie so gemerkt haben, dass sie sich aufeinander verlassen können.

2 *Eine mögliche Antwort ist:* Mara hat sich als Freundin erwiesen, da sie sofort bereit war, zu helfen.

3

Bild	*ausdrucksstarke Verben*
1 + 2	– *Jonas und Julius katapultierten sich immer wieder auf* die Halfpipe, hechteten, freuten sich lautstark.
3	– standen, erstarrten, murmelten, flüsterten, stießen leise Flüche aus
4	– Mara schimpfte empört mit der Nachbarin, wetterte.

▷ S. 13 **4** *Vergleiche könnten zum Beispiel sein:*

Bild 1 *Jonas sprang wie* ein Känguru.

Bild 3 *Julius und Jonas standen da wie* angewurzelt.

5 *Den Höhepunkt solltest du den Bildern 3 und 4 zuordnen.*

6 *Der Dialog könnte so aussehen:* „Die schon wieder!", *flüsterte Jonas.* „Was sollen wir denn jetzt tun?" *Julius überlegte kurz und murmelte dann:* „Das Beste ist, wir verhalten uns ruhig, dann wird uns der Köter hoffentlich nicht beißen." *Er hatte kaum den Satz beendet, als plötzlich* Mara auftauchte. „Frau Schneider!", begann sie. Mara hatte alles beobachtet und redete auf Frau Schneider ein.

▷ S. 13

D Den Schreibplan erstellen

2 + **3** *So könnte deine Geschichte zu den Bildern lauten:*

Eines Nachmittages tobten Jonas und Julius an einer Skater-Halfpipe. Beide katapultierten sich immer wieder auf die Halfpipe. Jonas sprang wie ein Känguru. Sie freuten sich über jedes Kunststück lautstark.
Da hörte Julius, wie seine Nachbarin, Frau Schneider, schrie: „Schluss mit dem Krach!", während daneben ihr kläffender Hund an der Halfpipe hochsprang und nach Jonas' Hosenbein schnappte. Jonas und Julius erstarrten vor Schreck, sie standen da wie angewurzelt. „Die schon wieder!", flüsterte Jonas, Wut stieg in ihm hoch. „Was sollen wir denn jetzt tun?" Julius überlegte kurz und murmelte dann etwas verängstigt: „Das Beste ist, wir verhalten uns ruhig, dann wird uns der Köter hoffentlich nicht beißen."
Er hatte kaum den Satz beendet, als plötzlich Mara, eine Klassenkameradin, auftauchte. Mara hatte alles beobachtet. Entschlossen ging sie auf die Nachbarin zu. „Frau Schneider!", schimpfte sie empört. Anschließend redete Mara ununterbrochen auf sie ein. Nach ein paar Minuten hörte der Hund endlich auf zu bellen und Frau Schneider verließ grimmig den Skateboardpark.
Tags darauf malten Jonas, Julius und Mara Schilder, auf denen geschrieben stand: „Skateboardfahren und Schreien erlaubt – Kläffen und Beißen verboten. Halter haften für ihre Hunde." Jonas und Julius freuten sich über Maras Einfall. Gemeinsam brachten die Freunde die Schilder im Skateboardpark an.

▷S. 14 Skateboard gestohlen – Einen Gegenstand beschreiben

▷S. 14 A Die Aufgabe verstehen

1 *Folgende Aussagen sind richtig: b), d) und f).*

▷S. 15 B Stoff sammeln

1 *So könnte deine Mind-Map aussehen:*

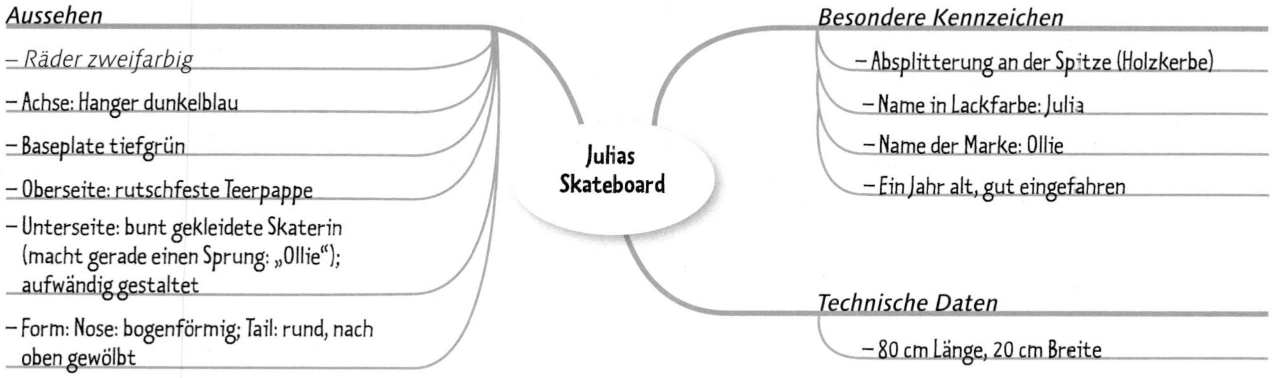

C Übungen

▷S. 15 **1** *a) + b) Die Lösung lautet:*

	gut	*unsachlich und überflüssig*
Möglichkeit A	*1*	*2 „dann kann man am besten damit fahren"* *3 „ist sehr schön"*
Möglichkeit B	*2* *3*	*1 „So ein Ärger", „supercooles"*

▷S. 16 **2** *Folgende Zuordnung ist sinnvoll: a) rutschfest, b) bunt, c) zweifarbig, d) hellgrün, e) bogenförmig, f) schwarz, g) dunkelblau, h) tiefgrün, i) aufwändig.*

▷S. 16 D Den Schreibplan erstellen

1 *In folgender Reihenfolge gehören diese Begriffe in die Lücken der Einleitung:* Skateboard – Marke – Länge – Breite.

S. 16/17 **2** *a) + b) So könntest du die auffälligsten Merkmale beschreiben:*

Nr.	***Bestandteile***	***Beschreibung***
3	*Räder*	zweifarbig: Innenseite ist grün, Außenseite ist blau
2	*Achse*	Oberer Teil der Achse (Hanger): dunkelblau; Grundplatte (Baseplate): tiefgrün
4	*Oberseite*	schwarz, rutschfeste Teerpappe
1	*Unterseite*	Bunt gekleidete Skaterin, führt einen „Ollie" aus (Markenname und -zeichen des Skateboards); Farben: Hintergrund der abgebildeten Skaterin ist hellgrün, wird an den äußeren Enden (Nose/Tail) tiefgrün
5	*Deck*	vorn bogenförmig; hinten leicht nach oben gewölbt

3 *Den Schlusssatz könntest du so fortsetzen:*
Zu den besonderen Kennzeichen meines Skateboards gehören eine Absplitterung vorn an der Nose, die als Holzkerbe zu sehen ist, und mein Name (Julia), den ich in schwarzer Lackfarbe hinten am Rand des Decks aufgemalt habe. Mit ziemlich genau einem Jahr ist das Skateboard gerade gut eingefahren.

4 *So könnte deine Beschreibung von Julias Skateboard lauten:*

Vor der Bäckerei wurde mir mein Skateboard der Marke „Ollie“ gestohlen. Es misst in der Länge 80 cm und in der Breite 20 cm.
Besonders aufwändig gestaltet ist die Unterseite des Skateboards. Dort erscheint vor einem hellgrünen Hintergrund eine bunt gekleidete Skaterin. Die Figur scheint gerade den Sprung über ein Hindernis durchzuführen. Das Kunststück nennt man Ollie und es ist zugleich das Markenzeichen des Herstellers. Die hellgrüne Farbe des Hintergrunds wird an den äußeren Enden der Unterseite zu einem Tiefgrün. Dies ist die Farbe der Baseplate, des unteren Teils der Achse. Den oberen Teil bildet der Hanger, an dem die Räder befestigt sind. Die zweifarbigen Räder sind an der Innenseite grün und an der Außenseite blau. Außerdem sind sie mit einer Breite von 50 mm größer als üblich. Die Oberseite des Skateboards besteht aus schwarzer rutschfester Teerpappe. Das Deck wölbt sich hinten leicht nach oben und läuft nach vorn bogenförmig zu.
Zu den besonderen Kennzeichen meines Skateboards gehören eine Absplitterung an der Nose, dem vorderen Teil des Decks, die als Holzkerbe zu sehen ist, und mein Name (Julia), den ich in schwarzer Lackfarbe hinten am Rand des Decks aufgemalt habe. Auch der Name der Marke „Ollie“ ist am hinteren Teil des Decks abgebildet. Mit ziemlich genau einem Jahr ist das Skateboard gerade gut eingefahren.

▷ S. 18 Unfall beim Sportfest – Einen Bericht für die Schülerzeitung verfassen

▷ S. 18 A Die Aufgabe verstehen

1 *Die Aussage b) trifft zu.*

▷ S. 19 2 *Richtig sind die Aussagen: c) und e).*

▷ S. 19 B Stoff sammeln

1
Bild 1 *Ein Mädchen möchte den Basketball einem anderen Mädchen aus ihrer Mannschaft zupassen.*
Bild 2 Ein Mädchen und ein Junge springen hoch, um an den Ball heranzukommen.
Bild 3 Beide Kinder prallen zusammen.
Bild 4 Beide Kinder liegen mit Verletzungen auf dem Boden.

2 *So könnte deine Tabelle ausgefüllt sein:*

Wer?	*Was?*	*Wann?*	*Wo?*
Anna Hoffmann aus der 6b und Anton Meier aus der 6c des Essener Schiller-Gymnasiums	*Zusammenstoß beim Fangen des Balls nach* einem Sprung	Am 18.09.2009, um 10:27 Uhr	*große Sporthalle des Schiller-Gymnasiums in Essen*

Wie?	*Warum?*	*Mit welchen Folgen?*
Beim Versuch, den Ball zu fangen, sprangen beide gleichzeitig hoch und prallten zusammen.	Es war drei Minuten vor Schluss, der Spielstand 19:16, beide Mannschaften wollten gewinnen.	Anna Hoffmann erlitt eine geprellte Schulter, Anton Meier eine Schürfwunde am Kopf, beide wurden von ihren Eltern abgeholt, das Spiel wurde nachgeholt.

3 *Die Überschrift c) passt nicht.*

▷ S. 20 C Übungen

1 *Folgende Aussagen sind richtig: a), c), e) und f).*

2 *Mögliche Verbesserungen:*
a) Anna Hoffmann und Anton Meier prallten heftig zusammen und stürzten hart auf den Boden.
b) Die Schulsanitäter stellten eine Prellung und eine Schürfwunde fest.
c) Der Unfall sorgte für eine Spielpause.

3 *a) fiel, b) stürzte, c) dribbelte, d) fing, e) lief, f) eilte, g) stellte, h) gewann, i) stieß*

4 *Die korrekten Präteritumformen lauten (in dieser Reihenfolge):* unterbrach – zusammenstießen – untersuchten – stellten ... fest – rief ... an – abholten.

▷ S. 21 5 *So könntest du die Sätze verbinden:* Ein Mädchen dribbelte den Ball bis kurz vor den Korb. Während sie ihn abwarf, sprangen zwei Kinder hoch und prallten zusammen. Danach fielen sie auf den Boden.

▷ S. 21 D Den Schreibplan erstellen

1 *Die richtigen Teile des Berichts lauten (in dieser Reihenfolge): a) Schluss, b) Einleitung und c) Hauptteil.*

2 *Dein Bericht könnte so in der Schülerzeitung stehen:*

Zusammenstoß beim Basketball-Endspiel
Bei dem Sportfest des Schiller-Gymnasiums in Essen am 18.09.2009 hatten zwei Schüler der sechsten Klasse einen Unfall.
Der Spielstand während des Basketball-Endspiels zwischen den Klassen 6b und 6c betrug 19:16. Drei Minuten vor Schluss, um 10:27 Uhr, dribbelte ein Mädchen aus der 6c den Ball kurz vor den Korb und warf ihn hoch. Während sie ihn abwarf, sprangen Anna Hoffmann und Anton Meier hoch und prallten zusammen. Danach fielen sie auf den Boden. Der Schiedsrichter unterbrach das Spiel und holte die Schulsanitäter. Diese stellten bei Anna eine Prellung der Schulter und bei Anton eine kleine Schürfwunde fest. Die beiden Kinder wurden von ihren Eltern abgeholt.
Das Nachholspiel gewann die 6b mit 22:19.

▷ S. 21 E Den eigenen Text überarbeiten

1 *So lautet die Lösung:*
hat gegeben → gab, werden → wurden, beträgt → betrug, dribbelt → dribbelte, hat hochgeworfen → warf hoch

▷ S. 22
Wenn Kinder arbeiten – Über den Alltag der Lehmgrubenkinder berichten

▷ S. 23
A Die Aufgabe verstehen

1 *Folgende Antworten sind richtig: a), b), e), f) und i).*

▷ S. 23
B Stoff sammeln und ordnen

1 *Folgende Informationen finden sich im Interview:*

(1)	*Wer?*	11-jähriger Junge namens Alonso
(2)	*Was?*	Alltag/Erfahrungen des Lehmgrubenkindes Alonso
(3)	*Wann?*	10. Mai 2006
(4)	*Wo?*	Peru, Lima, kleiner Vorort Huachipa
(5)	*Wie?*	Alonso und sein Bruder trugen die Erde ab, die Eltern bewässerten die Erde und pressten Erdklumpen in Holzformen, diese 20 Kilogramm schweren Holzformen kippten Alonso und sein Bruder aus, nachmittags stapelten sie die in der Sonne getrockneten Steine; nachts um drei begann der Tag und direkt hinter dem Haus bereitete Alonso das Gelände vor; der Tag war acht oder neun Stunden lang
(6)	*Warum?*	Alonso muss mitarbeiten, sonst könnten er und seine Eltern nicht überleben.
(7)	*Mit welchen Folgen?*	Er kann nicht in die Schule gehen und auch nicht wie ein normales Kind spielen.

▷ S. 24
2 *Richtig ist: b).*

3 *So könnte die Tabelle aussehen:*

Nr.	*Tageszeiten*	*Tätigkeiten*
2	*vormittags*	hat Holzformen ausgekippt
3	*nachmittags*	stapelte fertige Steine
4	*früh am Abend*	schlief er ein
1	*3 Uhr nachts*	stand auf, hat das Gelände vorbereitet, die Erde gelockert

▷ S. 24
C Übungen

1 *So könnte die* ***Einleitung*** *lauten:*
Der 10. Mai 2006 war für Alonso, einen 11-jährigen Jungen aus Lima, einem so genannten Lehmgrubenkind, *ein ganz normaler Tag.*

2 *Mögliche Lösung:* *dreckig:* verschmutzt *raus:* heraus

3 *Folgende Wörter solltest du in die Schriftsprache übertragen:*
schufteten: arbeiteten schwer und hart, Schlepperei: das Hin- und Hertragen

4 *Das passende Wort lautet: […] dafür das dreckige Wasser nehmen,* **das/welches** *dort vorbeifließt.*

▷ S. 25
5 *a)* Vielen Kindern passt es nicht, dass sie so früh aufstehen müssen.
b) Wenn es hell wird, dann kommen auch die Erwachsenen.

▹ S. 25 D Den Schreibplan erstellen

1 *Siehe Aufgabe C1, Lösungsheft Seite 8.*

2 *a) Folgende Tageszeiten könntest du ergänzen:* vormittags, Am Nachmittag, abends
b) So könnte der Hauptteil lauten:

Er begann mitten in der Nacht, um drei Uhr: Alonso stand zusammen mit seinem Bruder auf. Sie bereiteten direkt hinter dem Haus das Gelände vor, indem sie die lehmige Erde mit einer großen Hacke lockerten. Am Vormittag kamen die Erwachsenen hinzu, um die Erde zu bewässern und anschließend Erdklumpen in Holzformen zu pressen. Nachdem Alonso diese Holzformen ausgekippt hatte, trocknete die geformte Erde in den folgenden Stunden in der Sonne. Nachmittags stapelte er dann von Hand acht bis neun Stunden lang die fertigen Steine. Diese harte Arbeit unterbrach er, um kurz zur Schule zu gehen. Zum Spielen blieb wie immer keine Zeit. Abends war er so erschöpft, dass er sehr früh zu Bett ging, um am nächsten Tag wieder Kraft für die Arbeit in der Lehmgrube zu haben.

3 *Und so könntest du den Bericht abschließen:*

Dieser Bericht zeigt, dass die Lehmgrubenkinder in Lima auf das Recht auf Bildung ebenso verzichten müssen wie auf das Recht, wie andere Kinder zu leben und zu spielen. Weil ihre Eltern ohne ihre Unterstützung nicht überleben könnten, müssen sie bei der täglichen Arbeit mithelfen. Dadurch haben sie für nichts anderes mehr Zeit.

▷ S. 26 (K)ein eigener Klassenraum? – Eine Stellungnahme verfassen

▷ S. 27 A Die Aufgabe verstehen

1 *Richtig sind die Antworten b), c) und e).*

B Stoff sammeln – Meinungen zuordnen

Mögliche Lösungen sind:

2 a) *Klassenraumprinzip bedeutet,* dass es für jede Klasse feste Räume gibt.
Die Lehrer/innen wechseln die Räume.
b) *Unter Lehrerraumprinzip versteht man* eigene Räume für Lehrer/innen.
Die Klassen wechseln die Räume.
Richtige Zuordnung der Argumente in Stichwortform:
Argumente für den Lehrerraum: (B) bessere Laune der Lehrerinnen und Lehrer, da sie weniger hetzen müssen; (D) Bewegung zwischen den Lehrerräumen entspricht dem Bedürfnis der Schülerinnen und Schüler nach Bewegung; (E) Motivierung durch an den Wänden angebrachte Plakate zum jeweiligen Fach; (F) besserer Zugriff auf die jeweiligen Fachmaterialien; (H) Entlastung der Schülerrücken durch Spinde
Argumente gegen den Lehrerraum: (G) Überfüllung der Gänge bei ständigen Raumwechseln der Schülerinnen und Schüler; (I) Wege für ständige Raumwechsel zu lang; (J) Tragen der Ranzen zu den Lehrerräumen ist für Schülerinnen und Schüler zu anstrengend; (K) keine Möglichkeit der eigenen Raumgestaltung der Schülerinnen und Schüler
c) *Weitere Argumente für das Lehrerraumprinzip könnten sein (in Stichwortform):*
wechselnde Sitzordnung – mehr Freundschaften
Bei Fragen sind Lehrer schneller anzutreffen.
Weitere Gegenargumente könnten folgendermaßen lauten:
Die jüngeren Kinder durch den Raumwechsel aufgewühlt – Keine Konzentration – weniger Zeit für den Gang zur Toilette

▷ S. 28 **3** *Folgende Beispiele könnten die Argumente veranschaulichen:*
Argument A: Die Schülerinnen und Schüler lernen nicht mehr, durch Ordnungsdienste Verantwortung für einen Raum zu übernehmen.
Beispiel: In unserem Physikraum stapelt sich **beispielsweise** der Müll, weil sich niemand von uns für den Raum verantwortlich fühlt.
Argument G: Während des Raumwechsels sind die Gänge so überfüllt, dass es zu Gedränge und Streit führen kann.
Beispiel: Bei uns entstehen **zum Beispiel** schon jetzt auf dem Weg zur Turnhalle häufig Prügeleien, weil die schnellen Schüler nicht an den langsamen Schülern vorbeikommen und sie sich dann oft gegenseitig rumschubsen.
Argument B: Die Lehrkräfte haben weniger Stress und bessere Laune, weil sie nicht ständig zwischen den Räumen hin- und herhetzen müssen.
Beispiel: Unsere Deutschlehrerin müsste **beispielsweise** nicht mehr montags zwischen der 5. und der 6. Stunde quer über den Schulhof laufen. Dadurch wäre sie nicht mehr so abgehetzt.
Argument F: Die Räume werden mit dem jeweiligen Fachmaterial (z. B. Wörterbuch, Grammatik) ausgestattet, damit die Lehrerinnen und Lehrer spontan und flexibel auf die Materialien zugreifen können.
So hätte unser Erdkundelehrer **beispielsweise** immer die richtige Karte griffbereit und könnte auf diese Weise spontan auf die Fragen der Schüler/innen eingehen.

▷ S. 28 C Übungen

1 *Bessere Formulierungen für eine Stellungnahme an die Schulleitung könnten sein:*
a) Es hat viele Nachteile, wenn wir keinen eigenen Klassenraum mehr haben.
b) Für den Unterricht ist es gut, dass das anstrengende Hetzen ein Ende hat.

2 *Die korrekten Sätze mit den richtigen Satzzeichen lauten:*
a) Den Schülern fallen häufig Stifte, Butterbrote oder Müll herunter, da sie unruhig **sind**.
b) Das Tragen der Schulranzen ist ungesund, weil diese oft zu schwer **sind**.
c) Durch die wechselnde Sitzordnung in den Räumen entstehen Freundschaften, sodass sich das Klassenklima **verbessert**.

3 *Folgende Verbindungen sind richtig:*
a) + da + (4)
b) + da + (5)
c) + sodass + (2)
d) + weil + (1)
e) + weil + (3)

▷ S. 29 **4** *So sieht die Satzstellung aus, wenn du die Sätze mit den passenden Konjunktionen verbunden hast:*
Die Lehrer kommen manchmal zu spät zum Unterricht, da die Schülerinnen und Schüler am Ende des Unterrichts noch Fragen haben.
Die Schülerinnen und Schüler sind in der Fünf-Minuten-Pause oft unruhig, da sie den ganzen Tag still sitzen und zu wenig Bewegung haben.
Die Schülerinnen und Schüler können ihre Bücher in Spinden einschließen, sodass sie ihre Bücher und Hefte nicht immer tragen müssen.
Die Lehrkräfte gehen zwischen den Stunden ins Lehrerzimmer, weil sie von dort das Material für die nächste Stunde holen.
Die Schülerinnen und Schüler können ihren Raum nicht gestalten, weil sie jede Stunde in einem anderen Raum Unterricht haben.

▷ S. 29 D Den Schreibplan erstellen

1 *Die Gliederungspunkte solltest du folgendermaßen nummerieren:*
1) Du wählst eine passende Anrede.
2) Du nennst das Thema der Diskussion.
3) Du sagst deine Meinung in einem Satz.
4) Du begründest deine Meinung mit drei Argumenten.
5) Du äußerst zum Beispiel einen Wunsch, eine Empfehlung oder Aufforderung.
6) Du verwendest eine angemessene Grußformel.

2 *So könnte eine Stellungnahme, die sich für das Klassenraumprinzip ausspricht, lauten:*

Sehr geehrte Frau Pothmann,

an unserer Schule wird gerade über das Thema „Klassenraum- oder Lehrerraumprinzip?“ diskutiert. Viele Schüler denken, dass das Lehrerraumprinzip viele Nachteile für alle Beteiligten mit sich bringt.
Ich spreche mich auch dafür aus, dass jede Klasse ihre festen Räume hat.
Zunächst einmal gelingt es der Klasse nicht, in der Fünf-Minuten-Pause den Raum zu wechseln, weil die Wege in der Schule teilweise sehr lang sind. Außerdem ist das Tragen der Schulranzen von Raum zu Raum ungesund, da sie sehr schwer sind.
Schließlich denke ich, dass es auch zu Gedränge und Streit auf den Fluren führen kann, denn die Gänge sind überfüllt.
Ich wünsche mir daher, dass jede Klasse ihren Raum behalten kann.

Mit freundlichen Grüßen
Hannah Göttfert

▷ S. 30 *Gotthold Ephraim Lessing:* Der Esel und der Wolf – Eine Fabel schreiben (Paralleltext)

▷ S. 30 A Die Aufgabe verstehen

1 *Richtig sind: c), d) und e).*

2 *Folgende Merkmale treffen zu: b), c), e) und g).*

▷ S. 31 B Den Text verstehen – Ideen entwickeln

1 *Diese Eigenschaften passen zu den Tieren:*
a) ***Wolf:*** *stark, gerissen, brutal, falsch*
b) ***Esel:*** *dumm, schwach, störrisch*

2 *a) Die richtige Reihenfolge der Handlungsschritte ist:*

5 Der Wolf heuchelt sein Mitleid nur und frisst den Esel am Ende.

1 Ein hungriger Wolf und ein Esel begegnen sich.

3 Trotzdem bittet er um Mitleid, weil er sich den Fuß verletzt hat.

6 Es wird deutlich, dass der Stärkere seine Überlegenheit brutal ausnutzt.

2 Der Esel weiß, dass er für den Wolf eine leichte Beute ist und sich nicht wehren kann.

4 Der Wolf merkt sofort, dass der Esel nicht fliehen kann, da sein Fuß lahm ist.

b) Folgende Zuordnung ist richtig: Einleitungssatz: Nr. **1** *– Dialogteil: Nr.* **2–4** *– Schluss: Nr.* **5** und **6**

3 *Eine mögliche Lösung ist:*
Das ausgewählte Tierpaar eignet sich besonders, da Fuchs und Gans in ihren Eigenschaften am ehesten dem Wolf und dem Esel entsprechen. Der Fuchs gilt als schlau, hinterlistig und durchtrieben, die Gans als dumm und schwach.

4 *Begründung* a) *entspricht dieser Fabel eher, denn* so werden die Unterlegenheit eines Schwachen (der Gans) und die Überlegenheit eines Starken (des Fuchses) deutlich.

▷ S. 32 C Übungen

1 *a + b) Der gekürzte Einleitungssatz lautet: Eine alte Gans traf auf einen hungrigen Fuchs.*

2 *Folgende Sätze entsprechen nicht den Merkmalen einer Fabel: 1, 5, 6 und 7.*

3 *Eine mögliche Lösung lautet:*
„Habe Mitleid mit mir!“, sagte die Gans, „Ich bin schon sehr alt und schwach. Ich habe sowieso nur noch kurze Zeit zu leben.“ „Da hast du Recht“, entgegnete der Fuchs. „Und du tust mir leid, deshalb werde ich dich von deinen Beschwerden erlösen.“ Kaum hatte der Fuchs dies gesagt, fraß er sie auf.

▷ S. 33 D Schreiben

1 *So könnte deine Parallelfabel lauten:*

Eine alte Gans traf auf einen hungrigen Fuchs. „Habe Mitleid mit mir!“, sagte die Gans, „Ich bin schon sehr alt und schwach. Ich habe sowieso nur noch kurze Zeit zu leben.“ „Da hast du Recht“, entgegnete der Fuchs. „Und du tust mir leid, deshalb werde ich dich von deinen Beschwerden erlösen.“ Kaum hatte der Fuchs dies gesagt, fraß er sie auf.

2 *Folgende Paare gehören zusammen: 1 – b), 2 – c) und 3 – a).*

3 *So könnte der passendste Vorschlag verbessert werden: Wenn die Schwachen auf das Mitleid der Starken hoffen, sind sie verloren.* Die Starken verstehen sie bewusst falsch und verspotten sie auch noch.

4 *Möglich ist:* Wenn die Schwachen auf die Starken hoffen, sind sie verloren. Außerdem werden sie oft bewusst missverstanden und auch noch verspottet.

▷ S. 33 **E**

Den eigenen Text überarbeiten

1 *So lautet die Verbesserung:*
„Ich bin zu einer unglücklichen Stunde geboren!", so klagte ein junger Fuchs einem alten. „Fast keiner von meinen Anschlägen will mir gelingen." „Deine Anschläge", sagte der ältere Fuchs, „werden ohne Zweifel doch klug sein. Lass doch hören, wann machst du deine Anschläge?" „Wann ich sie mache? Wann anders, als wenn mich hungert?" „Wenn dich hungert?", fuhr der alte Fuchs fort. „Ja, da haben wir es! Hunger und Überlegung sind nie beisammen. Mache sie künftig, wenn du satt bist; und sie werden besser ausfallen."

▷ S. 34 Münchhausens unglaubliche Seeabenteuer – Eine Lügengeschichte zu Ende schreiben

▷ S. 34 A Die Aufgabe verstehen

1 *Folgende Aussagen treffen zu: b), d), e) und f).*

▷ S. 34 B Den Text verstehen – Ideen entwickeln

1 *Richtig sind:* ***(1)*** *Ich-Form,* ***(2)*** *zu Wasser,* ***(3)*** *Nordamerika,* ***(4)*** *England,* ***(5)*** *einem englischen Kriegsschiff,* ***(6)*** *500 Kilometer,* ***(7)*** *ein großes Hindernis,* ***(8)*** *um etwas Felsähnliches,* ***(9)*** *sehr tief,* ***(10)*** *einen großen Schaden*

▷ S. 35 **2** *Mögliche Ergänzung des Ideensterns: Kampf mit* einem Wal, Verschlucktwerden in den Magen des Wals, „Fels“ = ein Ungeheuer, ein Ungeheuer greift das Schiff an

3 *So könnte die Lösung lauten:*

Merkmale von Lügengeschichten	*Textbelege*
1. Erzählung in der Ich-Form	- „1766 ging ich“ (Z. 1)
2. Genaue Orts- und Zeitangaben	- „Im Jahre 1766“, „englischen Stadt Portsmouth“ (Z. 1), „St. Lorenzflusse“ (Z. 4)
3. Betonung der Glaubwürdigkeit des Erzählten	- *„noch wunderbarer und fast unbegreiflich machte“* (Z. 7, 8)
4. Direkte Ansprache der Zuhörer/ Leser der Geschichte	- „meine Herren“ (Z. 1)
5. Aneinanderreihung von Lügenketten / Steigerung der Lügen	- *„Steuerruder verloren,* das Bugspriet ... entzweibrach ... Masten ... zersplitterten ... über Bord“ (Z. 8–10)
6. Übertreibungen	- *„hundert Kanonen und* vierzehnhundert Mann*“* (Z. 2)

▷ S. 35 C Übungen

1 ***(1)*** *Groß wie ein Haus, wie* ein Mammut → ***(3)*** *Hoch wie* ein Kirchturm, wie ein Baum
(2) *Schwer wie* 100 Elefanten, wie ein Berg aus Eisen → ***(4)*** *Breit wie* eine Brücke, wie ein See

▷ S. 36 **2** *Es passen zusammen: a + C, b + D, c + B, d + E und e + A.*

3 *Mögliche Wahrheitsbeteuerungen sind:*
a) Sicherlich werden Sie, meine sehr verehrten Hörer, einwenden, dass ...
b) Es mag sich unwahrscheinlich anhören, doch ich versichere Ihnen ...
c) Niemand würde so ohne Weiteres glauben, was ich ...

4

Der Höhepunkt ist ...	*ja*	*nein*
... ***vorstellbar*** *durch das Erzählen von jeder Einzelheit.*	x	
... ***spannend*** *durch den Tempuswechsel Präteritum → Präsens.*		x
... ***anschaulich*** *durch treffende Verben und Adjektive.*	x	
... ***lebendig*** *durch wörtliche Rede.*		x
... ***erlebbar*** *durch die Schilderung von Gedanken/Gefühlen.*	x	
... ***textgerecht*** *durch erfundene Lügenketten und Übertreibung*	x	

5 *So könntest du den Höhepunkt darstellen:*
... Das Ungetüm glotzt *mich mit eiskalten Augen an,* reißt *sein riesiges Maul auf,* packt *das Schiff mit seinen messerscharfen Zähnen und* schluckt *es mit Mann und Maus hinunter [...].*
Die Matrosen fragten mich ängstlich: „Wie sollen wir hier wieder herauskommen?“

▹S. 37 D Den Schreibplan erstellen

1 *a) + b) +* **2** *a) + b)*

Überleitung zum Hauptteil	*Sie können sich vielleicht vorstellen, meine* Herren, welcher Schreck mir in die Glieder fuhr. Aber da ahnte ich noch nichts von der Katastrophe, die nun folgen sollte.
↓ ***Hauptteil*** ↓	– *Zusammenstoß mit einem* Wal – *Vernichtender Schlag mit der* Schwanzflosse ***Höhepunkt:*** *Verschlucken des Schiffs* → Münchhausen und Matrosen im Magen des Wals → Verzweiflung und Hoffnungslosigkeit der Matrosen ***Lügenkette:*** rettende Idee Münchhausens: Feuerzeug in der Hosentasche → Feuer → Husten des Wals → Ausspucken der Matrosen und Münchhausens mitsamt dem Schiff → wundersame Unversehrtheit des Schiffs → Flucht in einen sicheren Hafen
Schluss	*Hinweis auf* Zahn des Wals als Trophäe (leider verloren!) *Ausblick auf* nächstes Abenteuer: Kampf mit Monsterkrokodil

3 *Du könntest die Lügengeschichte so fortsetzen:*

Sie können sich vielleicht vorstellen, meine Herren, welcher Schreck mir in die Glieder fuhr. Aber da ahnte ich noch nichts von der Katastrophe, die noch folgen sollte.
Meine Herren, der Aufprall war schrecklich. Ich flog 25 Meter weit durch die Luft, blieb aber zum Glück mit meinen Hosenträgern am Mast hängen und wurde wie eine Kanonenkugel wieder zurückgeschleudert. Wir waren mit einem 500 Meter langen Wal zusammengestoßen. Ich glaubte schon, mein letztes Stündchen sei gekommen. Mein Herz schlug so stark, dass sich mein Hemd einen halben Meter vorwölbte. Sie werden es nicht glauben, aber es kam noch schlimmer! Das Ungetüm glotzt mich mit eiskalten Augen an, reißt sein riesiges Maul auf, packt das Schiff mit seinen messerscharfen Zähnen und schluckt es mit Mann und Maus hinunter. Was war das? Ich befand mich offensichtlich im Magen des Ungeheuers. Die Matrosen fragten mich ängstlich: „Wie sollen wir hier wieder herauskommen?" Ihr Wehklagen habe ich noch heute im Ohr. Ich blieb ganz ruhig, dachte nach und hatte eine großartige Idee. Mein Feuerzeug fiel mir ein, das ich zum Glück morgens in meine Hosentasche gesteckt hatte. Ich entzündete ein Feuer mit zerborstenen Planken des Schiffs, und das Unglaubliche geschah: Es entwickelte sich ein beißender Qualm, wodurch der Wal fürchterlich zu husten begann. Unsere Rettung war nahe, meine Herren: Durch einen Luftsog, so stark wie tausend Turbinen, wurden wir alle mitsamt dem Schiff zurück ins Meer gepustet.
Und ob Sie es glauben oder nicht: Als der Wal uns aus seinem Magen hustete, brach ich ihm im Vorbeifliegen einen seiner Zähne ab. Gerne hätte ich diesen säbelscharfen Zahn als Beweis für dieses Abenteuer mitgebracht – aber leider, meine Herren, ist mir diese unglaubliche, 10 Meter lange Waffe bei einem Kampf mit einem fürchterlichen Krokodil abhandengekommen. Aber ich kann Sie trösten. Bei meinem Kampf mit dem Monsterkrokodil ist es mir gelungen, die Krokodilshaut mit nach Hause zu bringen. Doch davon erzähle ich das nächste Mal ...

▷ S. 38 Der Oktopus und seine Fangarme – Eine Spielanleitung überarbeiten

▷ S. 39 A Die Aufgabe verstehen

1 *Folgende Antworten sind richtig: b), c) und e).*

▷ S. 39 B Erstes Verständnis – Ideen sammeln

1 *Folgende Satzteile gehören zusammen: 1 – C, 2 – D, 3 – F, 4 – A, 5 – E und 6 – B.*

2 *a) Mögliche Antwort:* Das Wort „laufen" wird häufig wiederholt.
b) An folgenden Fehlerschwerpunkten muss Simone noch arbeiten: (B), (C) und (E).

▷ S. 40 C Übungen

1 *Mögliche Beispiele für Verbindungen von Nomen und Verb sind:* Geige spielen, Fußball spielen, schwimmen lernen.
Beispiele für Verbindungen mit Nomen und Adjektiv könnten so lauten: spazieren gehen, rot werden, schön klingen.

2 *Diese Wörter müssen zusammengeschrieben werden: loslaufen, hinsetzen, weglaufen.*

3 *So müssen die Signale mit den Beispielen verbunden werden: 1 – B, 2 – E, 3 – C, 4 – D und 5 – A.*

4 *Folgendermaßen lautet die Lösung: die Größe, dieses Rufen, zum anderen Ufer, beim nächsten Durchlauf, vorbeilaufende Läufer, zu Ende, nichts Neues.*

▷ S. 40/41 **5** *In dieser Reihenfolge solltest du den Lückentext füllen: lang, „sieben", einfachen, „er sieht", Pronomen, Bedeutung, „Widerspruch".*

▷ S. 41 **6** *Verbesserung der Wörter mit i-Laut:* Spielfläche, gegenüberliegende, gelingt, wieder, ihm, vielleicht.

7 *Folgende Wörter solltest du unterstreichen: Satz 7 → laufen, Satz 8 → laufen, die Läufer, Durchlauf.*

8 *So könntest du die Wörter ersetzen: laufen:* rennen, sprinten, *Durchlauf:* Runde, Durchgang, Mal, Wiederholung, *Läufer:* Spieler, Gegner, Schüler, Mitspieler.

9 *Es wiederholt sich das Wort „Spiel" in den Sätzen 1, 2, 3, 14, 15 und das Wort „Oktopus" in den Sätzen 3, 4, 5 und 9. Den Wortbaustein „-spiel" kannst du in den genannten Sätzen mit* durchführen, Gegner, Schüler *ersetzen. Die Wiederholung von „Oktopus" kannst du durch Verwenden des Wortes* Krake *oder* er *vermeiden.*

▷ S. 41 D Einen Schreibplan erstellen

1 *Stellen, an denen Wortwiederholungen ersetzt wurden, sind unterstrichen. Stellen, an denen die Rechtschreibung korrigiert wurde, sind **fett gedruckt**.*

Oktopus (Krake)

Allgemeines:
[1] „Oktopus" ist ein Fangspiel, das von einer großen Gruppe (15 bis 30 Personen) durchgeführt werden kann.
[2] Die **Spielfläche** sollte etwa die **Größe** eines Basketballfeldes haben.

Spielablauf:
[3] Ein Teilnehmer ist der Oktopus.
[4] Er hat einen Softball und lockt seine Beute, die restlichen Schüler, die alle an einer Hallenseite aufgereiht stehen, in das Meer.
[5] „Eins, zwei, drei – Oktopus" – auf dieses **Rufen** hin, müssen alle **loslaufen** und das Spielfeld durchqueren, in dem die Krake auf sie lauert.
[6] Das rettende Ufer ist die **gegenüberliegende** Hallenseite.
[7] Die Spieler versuchen, zum anderen Ufer zu laufen, ohne von dem Oktopus mit dem Softball abgeworfen zu werden.
[8] Wenn ihnen der Durchlauf **gelingt**, so rennen die Schülerinnen und Schüler beim nächsten **Durchgang** **wieder** zum anderen **Ufer** zurück.
[9] Trifft der Oktopus sie, dann müssen sie sich an der Abwurfstelle **hinsetzen** und werden zu seinen Fangarmen.
[10] Sie helfen **ihm**, indem sie versuchen, bei der nächsten Runde vorbeilaufende Mitspieler zu berühren.
[11] Sie dürfen dabei allerdings nicht von der Stelle **weglaufen**.
[12] Das Spiel ist zu **Ende**, wenn es nur noch den Oktopus und seine Fangarme gibt.
[13] Gewinner ist der zuletzt abgeworfene Läufer.
[14] Er wird in der nächsten Runde der Oktopus.
[15] Das Spiel ist für manche Schüler **vielleicht** nichts **Neues**, bietet aber für alle viel Spaß!

▹ S. 42
Der Vorlesewettbewerb – Einen fehlerhaften Bericht überarbeiten

▹ S. 42
A Die Aufgabe verstehen

1 a) *Mögliche Schlüsselbegriffe: Überarbeite, verbessere Aufbau, W-Fragen, Satzverknüpfungen, Satzzeichen, Überschrift*
b) *Den Lückentext solltest du folgendermaßen ergänzen:*

Ich soll zunächst den Bericht von Paul lesen *. Anschließend soll ich den Bericht* überarbeiten *. Dabei soll ich* verbessern *, was Paul nicht richtig formuliert hat. Besonders soll ich darauf* achten *, dass der Bericht einen klaren, sinnvollen Aufbau hat. Wenn Paul in seinem Bericht W-Fragen nicht in einer sinnvollen Reihenfolge* beantworten *konnte, werde ich das korrigieren. Auch das Tempus, Satzverknüpfungen und Satzzeichen soll ich* prüfen *und* verbessern *, wo es erforderlich ist.*

▹ S. 43
B Erstes Verständnis – Ideen sammeln

1 *Folgende Antworten treffen zu: b), d), e), g) und i).*

2 *Zur Einleitung gehören Satz (1), (2) und (6).*

3 a) *Mögliche Antwort: Ich denke, das Wort „sodass" ist unpassend, denn* es ist in diesem Zusammenhang eine unlogische Satzverknüpfung.
b) *Die Konjunktion „dann" kommt in Satz (7) vor und wiederholt sich in Satz (8).*

4 *Folgende Antworten treffen zu: b), e) und f).*

5 *Paul hat fälschlicherweise in Satz (4) und (8) das Präsens benutzt. In dieser Aufgabe muss also Antwort a) angekreuzt werden.*

▹ S. 44
C Übungen

1 *Mögliche Antworten auf die Fragen:*

a) die Klassen 5 und 6

b) an unserer Schule

c) am letzten Schultag vor den Sommerferien, morgens um 10 Uhr

d) Pauls Stimme zitterte vor Aufregung.

e) Paul beruhigte sich, als er seine Deutschlehrerin im Publikum sah.

f) Paul belegt den 1. Platz und gewinnt ein Buch als Preis.

2 *Satz* **(6)** *gehört nicht in den Hauptteil, denn* als Antwort auf die Frage „Wann?" gehört er in die Einleitung.

3 *In dieser Reihenfolge müssen die Sätze stehen: (1), (2), (6), (3), (4), (5), (7), (8), (9), (10).*

4 *Diese Verbindungen sind richtig: 1) – c), 2) – d), 3) – a) und 4) – b).*

5 *Folgende Satzverknüpfungen verlangen ein Komma: weil, als, aber, deshalb.*

6 *Folgende Satzverknüpfungen könntest du statt „dann" in Satz (8) verwenden:* daraufhin, deshalb, aus diesem Grund, daher.

▹ S. 45
7 *So solltest du den Satz vervollständigen: Berichte werden überwiegend im* Präteritum *geschrieben.*

8 *Folgende Verbformen müssen in der Tabelle ergänzt werden:*

Grundform	*1. Person/Singular Präsens*	*1. Person/Singular Präteritum*	*1. Person/Singular Perfekt*	*1. Person/Singular Plusquamperfekt*
teilnehmen	*ich nehme teil*	ich nahm teil	ich habe teilgenommen	*ich hatte teilgenommen*
sitzen	ich sitze	*ich saß*	ich habe gesessen	ich hatte gesessen
lesen	ich lese	ich las	*ich habe gelesen*	ich hatte gelesen
entdecken	ich entdecke	ich entdeckte	ich habe entdeckt	*ich hatte entdeckt*

▷ S. 46 D Einen Schreibplan entwickeln

1 *Richtige Einteilung: Einleitung: Sätze (1), (2) und (6)*
Hauptteil: Sätze (3), (4), (5), (7) und (8)
Schluss: Sätze (9)–(11)

2 *Die Überschriften (C) und (D) wären für einen Bericht angemessen.*

3 *So könnte die Überarbeitung von Pauls Bericht aussehen:*

Der Vorlesewettbewerb am letzten Schultag
Am letzten Schultag vor den Sommerferien fand an unserer Schule der diesjährige Vorlesewettbewerb statt, der immer in den Klassen 5 und 6 ausgetragen wird. Daran nahm ich im Wettbewerb mit anderen Schülerinnen und Schülern aus der Klasse 6 teil. Um 10 Uhr ging es los.
In der Aula saßen viele Leute, weil auch viele Eltern da waren. Ich las aus „Pünktchen und Anton" vor. Am Anfang zitterte meine Stimme vor Aufregung, aber das bemerkte wohl niemand. Dann entdeckte ich meine Deutschlehrerin im Publikum und wurde ein bisschen ruhiger. Daraufhin versprach ich mich nur einmal.
Am Ende belegte ich den 1. Platz. Dafür gab es ein Buch als Preis, das ich noch nicht kannte. Darüber freute ich mich sehr.

▷ S. 46 E Den eigenen Text überarbeiten

1 *Fabians Lösung erscheint plausibler, da die Einleitung in dieser Form sachlicher und informativer wirkt. Der direkte Einstieg bei Hannes erzeugt Spannung, die nicht in einen Bericht gehört. Außerdem schreibt Hannes eigene, neue Sätze, statt sich an Pauls Textvorlage zu halten.*

▷ S. 46 Die beiden Schwestern – Eine Sage untersuchen

▷ S. 46 A Die Aufgabe verstehen

▷ S. 47 **1** *Folgende Aussagen treffen zu: a), b), d) und f).*

2 *Diese Aussagen treffen zu: b), c) und d).*

▷ S. 47 B Den Text verstehen

1 + **2** *Mögliche Ergänzung der Tabelle:*

Abschnitte			*Stichworte zum Inhalt*
1	*Einleitung*	Z. 1–5	– Zeit-/Ortsangabe („Vor langen Jahren", „zu Hellinghausen") – zwei Schwestern, eine reich, die andere arm
2	*Hauptteil*	*Z. 5–11*	– die reiche Schwester ist unbarmherzig und mitleidlos gegenüber der armen → die Arme will sie nie mehr um Gaben für ihre Kinder bitten
3		Z. 11–17	– eines Tages: große Not → die arme Schwester sucht noch einmal ihre reiche Schwester auf → wieder bittet sie vergebens – die reiche Schwester kreischt, das Brot möge lieber zu Stein werden
4		Z. 17–19	– am nächsten Morgen: das Brot wurde tatsächlich zu Stein → die reiche Schwester stürzt vor Schreck zu Boden und ist tot
5	*Schluss*	*Z. 19–21*	– das versteinerte Brot wird als warnendes Beispiel hinter dem Hochaltar zu Hellinghausen aufgehangen

▷ S. 47 C Übungen

1 *Der Inhalt der Sage lässt sich folgendermaßen wiedergeben:*
Die Sage „Die beiden Schwestern" erzählt von zwei Schwestern, die unterschiedlicher nicht sein könnten. *Während die reiche Schwester verheiratet ist und* im Überfluss lebt, *ist ihre Schwester* verwitwet und arm. *Viele Jahre hat sie vergeblich versucht,* die reiche, unbarmherzige Schwester um ein paar Gaben für ihre hungrigen Kinder zu bitten. *Als ihre Not übergroß wird, fasst sie sich ein Herz* und fleht noch einmal um Brot für ihre Kinder. *Aber ihre hartherzige Schwester* weist sie unbarmherzig ab. *Sie wünscht, dass das Brot* zu Stein werde. *Am nächsten Morgen öffnet sie* den Schrank, um Brot herauszunehmen. Sie sieht, dass das Brot zu Stein geworden ist, *und vor Schreck* fällt sie zu Boden und ist tot.

▷ S. 48 **3** *So könnte die Tabelle aussehen:*

Die eine Schwester (mit Mann und Kindern)	*Die andere Schwester (verwitwet, 6 Kinder)*
sehr reich, im Überfluss, mit unbarmherzigen Augen, hartes Herz, mitleidlos, mit kreischender Stimme, böse	*arm, hilflose Witwe, unglücklich, mit Geduld, Mutterliebe*

4 *So könntest du die Schwestern beschreiben:*
b) Die arme Schwester bittet um eine kleine Unterstützung → Die reiche Schwester beschimpft sie und weist sie zurück.
c) Die arme Schwester überwindet sich und fleht ihre Schwester an, ihren Kindern ein Stück Brot zu geben. → Die reiche Schwester behauptet, kein Brot zu haben.
d) Die arme Schwester bittet sie immer flehentlicher. → Die reiche Schwester kreischt, lieber solle das Brot zu Stein werden.

5 *So könntest du die blassen Verben „sein" und „haben" ersetzen:*

Sie ist mitleidlos.	Sie besitzt kein Mitgefühl.
Sie ist böse.	Sie zeichnet sich durch ihre Bosheit aus.
Die andere Schwester ist arm.	Die andere Schwester lebt in Armut.
Sie hat Mutterliebe.	Sie zeigt Mutterliebe.

▹S. 49
D Den Schreibplan erstellen

1 *Siehe Aufgabe C 1, Lösungsheft Seite 19.*

2 *Die Lösung könnte folgendermaßen lauten:*
In der Sage kommen zwei Schwestern vor, die sehr verschieden sind. *Die eine Schwester lebt in großem* Reichtum, die andere Schwester ist verwitwet und arm. *Während die reiche Schwester* kein Mitgefühl besitzt und sich durch ihre Bosheit auszeichnet, *zeigt die arme* Schwester Geduld und Mutterliebe. *Diese Eigenschaften der beiden Schwestern werden auch an ihrem Verhalten deutlich: Als die arme* Schwester die reiche um Brot für ihre hungrigen Kinder bittet, weist die reiche Schwester sie hartherzig zurück.

3 *Eine mögliche Lösung könnte sein:*
Es handelt sich um eine Sage, da typischerweise ein fester Ort genannt wird, Hellinghausen, den es wirklich gibt. Außerdem kennzeichnet das außergewöhnliche Ereignis, dass das Brot zu Stein wird, den Text als Sage.

▹S. 49
E Den eigenen Text überarbeiten

1 a) *Richtige Schreibung der Wörter: Überfluss, verloren, kümmerliches, hartherzige, aufrafft, Almosen, bitter, muss, bezahlen*
b) *Tempus: hat (Z. 4), muss (Z. 5), lässt (Z. 7), hat (Z. 8), wirft (Z. 10–11), wird (Z. 12)*

▷ S. 50 Auflugstipp Kakushöhle – Sachtexte zur Information nutzen

▷ S. 51 A Die Aufgabe verstehen

1 *Richtig sind die Antworten: b), d), e), g) und j).*

▷ S. 51 B Erstes Textverständnis

1 *a) + b) Du könntest folgende Stichworte aufgeschrieben haben.*
Riese Kakus; riesige Kalksteinhöhle; dunkel in der Höhle (Taschenlampe!); mehrere Nebenhöhlen; dichter Wald; Dämmerung; hohe Felswand; faszinierend; Respekt gebietend (d. h.: ein wenig Furcht einflößend); älteste menschliche Wohnstätte im Rheinland; Funde aus der Steinzeit (Waffen, Werkzeuge); Knochenreste von ausgestorbenen Tieren; Grillplatz; Schnitzeljagd

▷ S. 51 C Übungen

1 *Kenans Bearbeitung ist besser gelungen, weil hier das für die Leserinnen und Leser Interessante des Ausflugsziels markiert und in Stichworten festgehalten ist. Außerdem ist es wichtig, wie die Höhle heißt.*
Anna hebt in ihrer Bearbeitung fast nur Nebensächlichkeiten hervor. „Sommer" und „abendliche Dämmerung" sagen den Leserinnen und Lesern nicht, was das Besondere und Interessante der Kakushöhle ist. Das Stichwort „Reich des Kakus" ist hingegen wichtig, da hier der Name des Riesen genannt wird, welcher der Höhle ihren Namen gibt.

▷ S. 52 **2** *In deiner Bearbeitung könntest du folgende Informationen markieren:*
Schattenreich; 20 Meter hohe Felswand; Reich des „Kakus"; Riese „Kakus"; Kalksteinhöhle; seinen Namen; älteste menschliche Wohnstätte im Rheinland; Schutzwall; Rundweg

3 *a) + b)*
Das steht in den Texten: 3. (M2, Z. 1–4); 7. (M1, Z. 3–4); 10. (M2, Z. 3).
Folgende Aussagen stehen so ***nicht*** *in den Texten, man kann die Informationen jedoch erschließen: 1. (M1, Z. 8); 4. (M1, Z. 5–6); 5. (M1, Z. 1); 8. (M1, Z. 8–9).*
Das ist falsch: 2.; 6.; 9.; 11.

4 *Der Lückentext könnte so gefüllt werden:*
50 – links. – Pflanzen und Tiere der Gegend. – 50 – zwei weitere Info-Tafeln. Die eine informiert über die Geschichte der Höhle, die andere über das Leben der Neandertaler. Zwischen diesen beiden Tafeln liegt laut Skizze eine erste Höhle.

▷ S. 53 **5** *Die richtigen Antworten lauten: Wie viele solcher Hufeisen findest du?* Vier.
Der Hinweis findet sich in den Texten in Zeile 1 von M2.
Das Zeichen bedeutet Höhle.

6 *So könnten die Beispiele lauten, die zeigen, wie die Texte und die Skizze einander ergänzen:*
Das steht nur in den Texten: Erklärung des Namens; Höhe des Felsens; Dunkelheit in der Höhle; Funde (heute im Museum in Köln); Grillplatz; Möglichkeit zur Schnitzeljagd.
Das geht nur aus der Skizze mit ihren Erklärungen hervor: Entfernungen; Lage der verschiedenen Höhlen; Erklärungstafeln; Parkplatz und WC.
Das stimmt bei den Texten und der Skizze (einschließlich ihrer Erklärungen) überein: große Anlage; mehrere Nebenhöhlen; alter Schutzwall; Rundweg.

▷ S. 53 **7** *b) So könnten deine Ausformulierungen für die Empfehlung zu drei Stichworten aus dem Wortspeicher lauten:*
1. Wenn ihr mal eine Gänsehaut bekommen wollt, solltet ihr die Höhle unbedingt einmal besuchen, denn sie ist riesig und hat mehrere Nebenhöhlen. Und da es in ihr ziemlich dunkel ist, ist sie auch ein bisschen unheimlich.
2. Schon der Weg durch den Wald zum Eingang ist geheimnisvoll, weil man darauf gespannt ist, die Höhle endlich zu sehen.
3. Wer sich dafür interessiert, wie Menschen in ganz alter Zeit gelebt haben, sollte sich die Höhle nicht entgehen lassen; denn hier kann man sich in das Leben von Höhlenmenschen hineinversetzen.

▷ S. 54 **8** *Hier findest du zwei Beispiele für eine spannende Art der Darstellung, die das Geheimnisvolle der Höhle hervorheben und trotzdem sachlich bleiben:*
1. Gleich hinter dem Parkplatz umfängt dich dichter Wald und du fragst dich, wo denn nun die geheimnisvolle Höhle ist.
2. Wenn du in die Höhle eingetreten bist, siehst du zunächst gar nichts, denn die Augen müssen sich erst an die Dunkelheit gewöhnen.

▷ S. 54 D Den Schreibplan erstellen

1 *a) + b) + c) Mögliche Ergänzung und Nummerierung der Mind-Map. Die unterstrichene Information findet sich nur in der Grafik.*

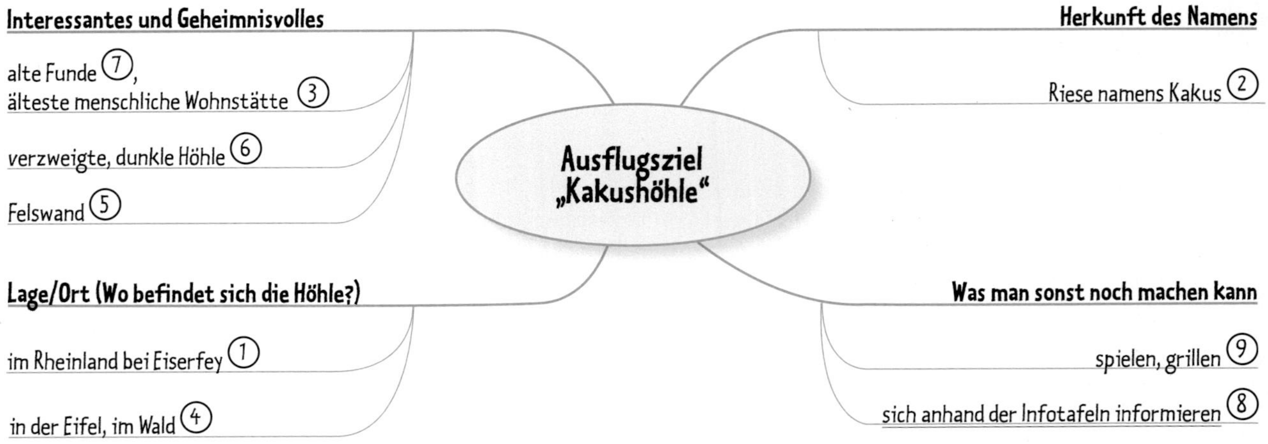

2 *So könnte deine Empfehlung lauten:*

Wenn ihr für die Sommerferien noch einen Tipp für ein richtig tolles Ausflugsziel sucht: Hier ist einer.
In der Eifel gibt es eine riesige Höhle: die „Kakushöhle“. Ihren Namen hat sie von dem Riesen „Kakus“, der hier einmal gehaust haben soll. Es handelt sich um die älteste menschliche Wohnstätte, die man im Rheinland je gefunden hat.
Die Höhle liegt in einem dichten Wald, in dem es sogar im Sommer immer ein wenig finster ist. Schon der Weg zum Eingang ist deshalb geheimnisvoll, weil man zuerst nur Bäume sieht und doch endlich die Höhle finden will. Nach hundert Metern steht man plötzlich vor einer gewaltigen Felswand, in der sich der Eingang öffnet. Man ist fasziniert und möchte gleich eintreten, aber es ist auch ein bisschen unheimlich.
Wenn man es dann gewagt hat, sieht man zunächst – gar nichts, denn die Augen müssen sich erst an die Dunkelheit gewöhnen, die hier herrscht. Auf jeden Fall solltet ihr eine Taschenlampe dabeihaben! Nachdem sich die Augen ein wenig an das schummrige Licht gewöhnt haben, entdeckt man, dass es etliche Abzweigungen gibt: Die Kakushöhle ist nämlich nicht ein einziger unterirdischer Raum, sondern hat eine ganze Reihe von Nebenhöhlen. Die kann man jetzt ausgiebig erforschen!
Wer sich dafür interessiert, wie die Menschen in der Steinzeit gelebt haben, kommt hier ebenfalls auf seine Kosten. Denn Informationstafeln geben Auskunft über Neandertaler und frühe Rentierjäger, die die Höhle bewohnt haben, und sie zeigen ihre Werkzeuge und Waffen. Weitere Tafeln informieren über Tiere und Pflanzen, die man heute in der Gegend findet.
Aber auch außerhalb der Höhle kann man jede Menge Spaß haben: Es gibt einen Grillplatz und der Wald eignet sich prima für eine Schnitzeljagd.
Also: Wenn ihr in den Ferien mal Lust habt auf Gänsehaut und Abenteuer, solltet ihr euch die Kakushöhle nicht entgehen lassen!

▷ S. 55 Prima Klima – Testaufgaben trainieren

▷ S. 56 Multiple-Choice-Aufgaben

1 *Richtig ist: c).*

2 *Richtig ist: c).*

3 *Richtig ist: b).*

S. 56/57 Richtig-Falsch-Aufgaben

4 *Folgende Aussagen treffen zu: 2, 4.*
Folgende Aussagen treffen nicht zu: 1, 3, 5, 6.

▷ S. 57 **5** *Folgende Aussagen stimmen: 1, 2, 3, 5.*
Folgende Aussagen stimmen nicht: 4, 6.

▷ S. 57 Zuordnungsaufgaben

6 *So sind die Inhalte den Absätzen zuzuordnen:*
1. Absatz – b) 2. Absatz – c) 3. Absatz – a)

7 *Folgende Begriffe gehören zusammen:*
1 – e) 2 – d) 3 – c) 4 – b) 5 – a)

▷ S. 58 Kurzantworten

8 *So könnten deine Kurzantworten lauten:*
a) Ja, ich stimme der Aussage zu, weil der Treibhauseffekt zu Stürmen, Überschwemmungen und Dürre führt.
b) Nein, ich stimme nicht zu, weil es den Klimawandel schon vor der Entstehung der Menschheit gegeben hat.

▷ S. 58 Einsetzaufgaben

S. 58/59 **9** *In dieser Reihenfolge sollten die Wörter eingesetzt werden:*
Atmosphäre – Glasdach – Sonnenstrahlen – Erde – Energieverbrauch – Kohlendioxid – Bäume und Wälder.

▷ S. 59 Grammatik, Zeichensetzung und Rechtschreibung

10 *Folgendermaßen solltest du die Kommas gesetzt und Haupt- und Nebensätze bestimmt haben:*
b) Vor der englischen Küste wurden in diesem Sommer Mondfische beobachtet, die eigentlich in der Nähe des Äquators zu Hause sind. = Hauptsatz + Relativsatz
c) Wenn man die Erdgeschichte betrachtet, ist eine solche Veränderung eigentlich nichts Neues. = Gliedsatz + Hauptsatz
d) Gleichzeitig werden große Waldgebiete vernichtet, sodass es weniger Bäume gibt, die das Kohlendioxid aus der Luft aufnehmen können. = Hauptsatz + Gliedsatz + Relativsatz

11 *Folgende Formen sind richtig:*

__Dass__ *es auf der Erde wärmer wird, ist unvermeidbar. Selbst wenn ab sofort jeglicher Ausstoß von Kohlendioxid eingestellt würde, wenn also kein Auto mehr fahren würde,* __das__ *Abgase verbreitet, und wenn man durch Abstellen der Kohlekraftwerke dafür sorgte,* __dass__ *kein Rauch mehr produziert würde, selbst dann würde die Temperatur auf der Erde noch ein paar Jahrzehnte weiter zunehmen. Denn man hat festgestellt,* __dass__ *Kohlendioxid-Moleküle träge sind und dass sie bis zu 200 Jahre in der Atmosphäre verweilen können.*
Durch Energiesparmaßnahmen und die verstärkte Nutzung von Sonnen-, Wind- und Wasserkraft könnte der Anstieg der Treibhausgase bis 2050 halbiert werden. __Das__ *würde reichen, um die Erderwärmung unter der kritischen Grenze von zwei Grad Celsius zu halten.*

▷ S. 60 Test: Leseverstehen und Reflexion über Sprache

▷ S. 61 **1** *Folgende Aussage ist richtig: b).*

2 *So lautet die richtige Aussage: c).*

3 *Folgende Aussagen treffen zu: b), e), f). Diese Aussagen treffen nicht zu: a), c), d).*

4 *Der Satz aus Vers 3 kann wie Antwort c) verstanden werden.*

5 *Jeder Titel passt, wenn eine plausible Erklärung gefunden wird. Vorschlag B könntest du so begründen:*
Die Hauptfigur des Liedes ist Karl der Käfer. Deshalb könnte man das Lied nach ihm benennen.

▷ S. 62 **6** *Folgende Zuordnung der Bilder und Verse ist richtig: a) – 6 b) – 1 c) – 2*

7 *Mögliche Synonyme: jäh –* plötzlich, *zerstört –* kaputtgemacht, *einfach –* schlichtweg, *Platz –* Ort

8 *Die Erklärung der Metapher könnte folgendermaßen lauten:*
Mit der Metapher „Band aus Asphalt" ist die Straße, die gebaut wird, gemeint. Wenn man sich eine Straße von Weitem vorstellt, wie sie sich durch den Wald schlängelt, sieht sie aus wie ein Band. Sowohl die Straße als auch das Band sind lang und strangartig.

▷ S. 62/63 **9** *So sind die Lücken richtig gefüllt:*

Das Lied handelt von der Zerstörung der Umwelt durch den Menschen. Beispielsweise zerstören die Menschen die Umwelt dadurch, dass sie immer mehr Wälder *abholzen. In diesem Fall muss der Wald für eine* Straße *gerodet werden. Die Menschen beachten dabei zu wenig, dass sie die* Natur *und damit den* Lebensraum *der Tiere wie z. B. der* Käfer *vernichten. Die Menschen als* Teil *der* Natur *zerstören damit auch ihre eigene Umwelt.*

▷ S. 63 **10** *Folgende Satzgefüge wären möglich:*
- Ich könnte beim Verlassen des Raumes jedes Mal das Licht ausschalten, da ich so Strom spare.
- Beim Zähneputzen könnte ich den Wasserhahn zudrehen, weil ich auf diese Weise Wasser spare.
- Ich könnte mit dem Fahrrad zur Schule fahren, falls der Bus ausfällt.
- Obwohl ich gern fliege, könnte ich meine Eltern dazu überreden, mit dem Zug in den Urlaub zu fahren.

11 *a) + b) So sieht der Text mit richtiger Rechtschreibung und richtiger Zeichensetzung aus:*
Wenn ich zum Einkaufen immer *eine Tasche* mitnehme, *dann kann ich auf den* Kauf *von* überflüssigen *Plastiktüten verzichten. Ich dusche* nicht *mehr eine halbe Stunde, sondern nur 15 Minuten, da ich so Wasser* sparen *kann! Meinen Müll werfe ich in* Mülleimer, *weil ich sonst die Umwelt* verschmutze. *Ich werde meine Eltern auffordern, nicht überall mit dem Auto hinzufahren, falls man auch das Fahrrad oder die öffentlichen* Verkehrsmittel benutzen *kann.*

12 *Folgendermaßen könnte deine Stellungnahme für den Kurzvortrag aussehen:*

Liebe Schülerinnen und Schüler,

ich bin der Meinung, dass die Bürgerinnen und Bürger sehr wohl zur Rettung der Umwelt beitragen können, und zwar aus folgenden Gründen:
Sie können Müll trennen, damit er wiederverwertet werden kann, so können z. B. Plastikflaschen eingeschmolzen und zu neuen Flaschen werden.
Außerdem können die Menschen schon beim Einkaufen auf umweltschonende Waren achten, indem sie etwa wiederaufladbare Akkus statt herkömmlicher Batterien kaufen.
Darüber hinaus kann man seine Art zu reisen verändern: Wer beispielsweise keine kurzen Flugreisen macht, sondern mit der Bahn fährt, ist zwar länger unterwegs, sorgt aber für weniger Abgase in der Luft.
Jede und jeder Einzelne kann also im Kleinen einen Beitrag zum Umweltschutz leisten.

Pauline Börgers

2 *Welche Ideen für die Fortsetzung der Geschichte fallen dir ein, die zum Anfang passen? Ergänze den Ideenstern.*

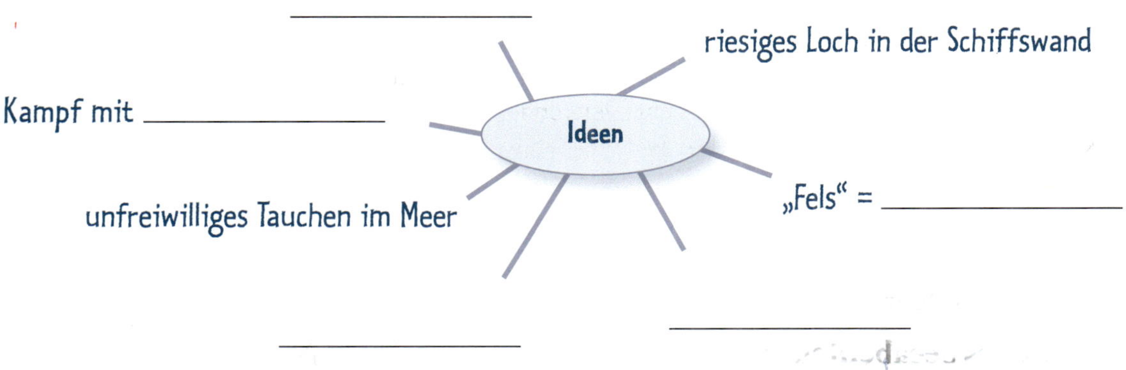

3 *In der folgenden Tabelle findest du links wichtige Merkmale einer Lügengeschichte. Suche Belegstellen im Text, die zu diesen Merkmalen passen, und trage sie in die rechte Tabellenspalte ein (mit Zeilenangabe).*

Merkmale von Lügengeschichten	Textbelege
1. Erzählung in der Ich-Form	
2. Genaue Orts- und Zeitangaben	
3. Betonung der Glaubwürdigkeit des Erzählten	– beinahe unbegreiflich machte ... (Z.); ...
4. Direkte Ansprache der Zuhörer/Leser der Geschichte	
5. Aneinanderreihung von Lügenketten/Steigerung der Lügen	– Steuerruder verloren, ... (Z.)
6. Übertreibungen	– hundert Kanonen und ... (Z.)

C Übungen

Übertreibungen als Stilmittel verwenden

1 *Stell dir vor, das Schiff des Barons von Münchhausen stößt mit einem Wal zusammen. Wie würdest du in einer ordentlichen Lügengeschichte einen Wal beschreiben? Ergänze je zwei Vergleiche, in denen du übertreibst.*

(1) Groß wie ein Haus, wie ______

(2) Schwer wie ______

(3) Hoch wie ______

(4) Breit wie ______

2 *Verbinde jeweils mit Pfeilen: Welche Übertreibung (rechts) passt zu welcher Beschreibung (links)?*

Anschaulich beschreiben ...	... und übertreiben
a) Die Zähne waren ...	... dass einige Matrosen erblindeten. (A)
b) Die Augen glitzerten ...	... zehn Meter hoch aus dem Wasser. (B)
c) Die Schwanzflosse ragte ...	... messerscharf wie spitze Dolche. (C)
d) Aus dem Blasloch spritzte die Nebelfontäne aus Luft und Wasser ...	... eiskalt und stahlblau mit durchdringenden Blicken, die jeden erstarren ließen. (D)
e) Die dicke Speckschicht glänzte so stark, ...	... bis zu den Wolken im Himmel. (E)

Den Zuhörern gegenüber die Wahrheit beteuern

3 *Markiere im Ausgangstext die eingestreuten Wahrheitsbeteuerungen farbig. Formuliere nun in ähnlicher Weise für die Fortsetzung deiner Geschichte derartige Wahrheitsbeteuerungen.*

a) Sicherlich werden Sie, meine sehr verehrten Hörer, nun einwenden, dass ______________________

____

b) ______________________

____

c) ______________________

____

Den Höhepunkt der Geschichte ausgestalten

4 *Prüfe mit Hilfe der Liste, wie gut und genau im folgenden Text der Höhepunkt ausgestaltet ist. Kreuze an, was bereits auf den Text zutrifft und was noch nicht.*

Meine Herren, der Aufprall war schrecklich. Ich flog 25 Meter weit durch die Luft, blieb aber zum Glück mit meinen Hosenträgern an einem Mast hängen und wurde wie eine Kanonenkugel wieder zurückgeschleudert. Wir waren mit einem 500 Meter langen Wal zusammengestoßen. Ich glaubte schon, mein letztes Stündchen sei gekommen, mein Herz schlug so stark, dass sich mein Hemd einen halben Meter vorwölbte. Sie werden es nicht glauben, aber es kam noch schlimmer! Das Ungetüm glotzte mich mit eiskalten Augen an, riss sein riesiges Maul auf, packte das Schiff mit seinen messerscharfen Zähnen und schluckte es mit Mann und Maus herunter. Was war das? Ich befand mich offensichtlich im stinkenden Magen des Ungeheuers. Die Matrosen fragten mich ängstlich, wie sie herauskommen sollten. Ihr Wehklagen habe ich noch heute im Ohr. Ich hatte eine großartige Idee: Mein Feuerzeug ...

Der Höhepunkt ist ...	+	–
... **vorstellbar** durch das Erzählen von jeder Einzelheit.	☐	☐
... **spannend** durch den Tempuswechsel Präteritum → Präsens.	☐	☐
... **anschaulich** durch treffende Verben und Adjektive.	☐	☐
... **lebendig** durch wörtliche Rede.	☐	☐
... **erlebbar** durch die Schilderung von Gedanken/Gefühlen.	☐	☐
... **textgerecht** durch erfundene Lügenketten und Übertreibung.	☐	☐

5 *Verbessere und ergänze anschließend die Darstellung des Höhepunktes in deinem Heft.*

D Den Schreibplan erstellen

Ideen sortieren und in eine Ordnung bringen

1 *a) Sieh dir noch einmal deinen Ideenstern aus Teil B auf Seite 35 an. Entscheide, welche Erzählideen du im Hauptteil deiner Lügengeschichte verwenden willst. Überlege, wie du sie anordnen kannst.*
*b) Trage zunächst nur deine Ideen zu **Überleitung** und **Hauptteil** in das folgende Flussdiagramm ein.*

Überleitung zum Hauptteil	Sie können sich vielleicht vorstellen, meine … ____
↓	____
Hauptteil	- Zusammenstoß mit einem … ____
	- Vernichtender Schlag mit der … ____
	Höhepunkt: Verschlucken des Schiffs … ____
↓	____
	Lügenkette: … ____
	____
Schluss	Hinweis auf … ____
	Ausblick auf … ____

Den Schluss gestalten

2 *Der „Lügenbaron" erzählt oft, dass er Beweisstücke seines Abenteuers mit nach Hause bringen wollte, diese aber durch unglückliche Umstände verloren habe.*
*a) Ergänze in der Tabelle oben eine Idee für einen **Schluss**, in dem eines dieser Beweisstücke eine Rolle spielt, z. B. Zahn des Wals, Anker des Schiffs, Walflosse, Seil einer Harpune.*
b) Überlege dir abschließend für deine Leserschaft einen kurzen Ausblick auf die nächste Lügengeschichte.

3 *Schreibe nun Fortsetzung und Ende der Münchhausengeschichte vollständig in dein Heft.*

E Den eigenen Text überarbeiten

1 *Prüfe deine Lügengeschichte mit Hilfe der folgenden Checkliste und überarbeite sie, falls nötig.*

☑ Checkliste „Eine Lügengeschichte fortsetzen"

		⊕	⊖
Inhalt	☐ Knüpft deine Fortsetzung inhaltlich an die vorgegebene Einleitung an?	☐	☐
	☐ Hat deine Lügengeschichte einen ausgestalteten Höhepunkt?	☐	☐
	☐ Enthält deine Münchhausengeschichte genaue Orts- und Zeitangaben?	☐	☐
	☐ Kommen an mehr als einer Stelle Wahrheitsbeteuerungen vor?	☐	☐
	☐ Hast du mindestens eine Lügenkette eingebaut?	☐	☐
	☐ Weist du am Ende der Geschichte auf ein verlorenes Beweisstück hin?	☐	☐
	☐ Gibst du zuletzt einen Ausblick auf das nächste Abenteuer des Barons?	☐	☐
Sprache	☐ Sind deine Übertreibungen stark genug, z. B. durch Vergleiche?	☐	☐
	☐ Verwendest du treffende Adjektive und anschauliche Verben?	☐	☐

Der Oktopus und seine Fangarme – Eine Spielanleitung überarbeiten

Im Sportunterricht dürfen die Schülerinnen und Schüler deiner Klasse Spiele vorstellen, die dann von der ganzen Gruppe in der Turnhalle erprobt werden. Eine Woche vorher müssen die Spielbeschreibungen bei der Sportlehrerin abgegeben werden. Simone hat das Spiel „Oktopus“ ausgewählt.

Überarbeite Simones Spielanleitung. Achte beim Verbessern auf abwechslungsreiche Formulierungen und die Rechtschreibung. Schreibe anschließend eine vollständig verbesserte Fassung.

VORSICHT FEHLER!

Oktopus

[1] „Oktopus“ ist ein Fangspiel, das von einer großen Gruppe (15 bis 30 Personen) gespielt werden kann.

[2] Die Spilfläche sollte etwa die größe eines Basketballfeldes haben.

[3] Ein Spieler ist der Oktopus.

[4] Der Oktopus hat einen Softball und lockt seine Beute, die restlichen Schüler, die alle an einer Hallenseite aufgereiht stehen, in das Meer.

[5] „Eins, zwei, drei – Oktopus“ – auf dieses rufen hin müssen alle los laufen und das Spielfeld durchqueren, in dem der Oktopus auf sie lauert.

[6] Das rettende Ufer ist die gegenüberligende Hallenseite.

[7] Die Spieler versuchen, zum anderen Ufer zu laufen, ohne von dem Oktopus mit dem Softball abgeworfen zu werden.

[8] Wenn ihnen der Durchlauf geliengt, laufen die Läufer beim nächsten durchlauf wider zum anderen ufer zurück.

[9] Trifft der Oktopus sie, dann müssen sie sich an der Abwurfstelle hin setzen und werden zu Fangarmen des Oktopus.

[10] Sie helfen im, indem sie versuchen, beim nächsten durchlauf vorbeilaufende läufer zu berühren.

[11] Sie dürfen dabei allerdings nicht von der Stelle weg laufen.

[12] Das Spiel ist zu ende, wenn es nur noch den Oktopus und seine Fangarme gibt.

[13] Gewinner ist der zuletzt abgeworfene Läufer.

[14] Der Gewinner wird im nächsten Spiel der Oktopus.

[15] Das Spiel ist für manche Schüler villeicht nichts neues, macht allen aber großen Spaß!

A Die Aufgabe verstehen

1 *Lies die Aufgabenstellung erneut und markiere innerhalb der Aufgabe die Schlüsselwörter, die erklären, was du tun bzw. was du besonders beachten sollst. Kreuze an.*

Du sollst ...	falsch	richtig
a) ... Simones Text kürzen.	☐	☐
b) ... die Rechtschreibung des Textes prüfen und verbessern.	☐	☐
c) ... den Text bezogen auf abwechslungsreichen Ausdruck überarbeiten.	☐	☐
d) ... eine eigene Spielanleitung schreiben.	☐	☐
e) ... eine vollständig verbesserte Überarbeitung schreiben.	☐	☐
f) ... drei Sätze im Text verändern.	☐	☐

B Erstes Verständnis – Ideen sammeln

1 *Hast Du die Spielidee verstanden? Verbinde die passenden Satzteile miteinander.*

1	Alle Spieler versuchen, die Halle (= das Meer) zu durchqueren,	an der sie abgeworfen wurden.	A
2	Der Oktopus hat einen Softball,	wenn alle Mitspieler zu Fangarmen geworden sind.	B
3	Wenn ihm dies gelingt,	ohne vom Oktopus abgeworfen zu werden.	C
4	Die getroffenen Spieler müssen sich an der Stelle hinsetzen,	mit dem er versucht, die anderen Mitspieler abzuwerfen.	D
5	Sie versuchen, vorbeilaufende Mitspieler zu berühren	und sie dadurch ebenfalls zu „Fangarmen" zu machen.	E
6	Das Spiel ist zu Ende,	wird der abgeworfene Spieler zu seinem „Fangarm".	F

2 *Du sollst bei der Verbesserung des Textes a) auf* ***abwechslungsreiche Formulierungen*** *und b) auf die* ***Rechtschreibung*** *achten.*

a) Lies erneut die Sätze 7 und 8. Was fällt dir hinsichtlich des Ausdrucks auf? Antworte in einem kurzen Satz.

____

b) Prüfe nun die Rechtschreibung in den Sätzen 5 und 8. An welchen drei Fehlerschwerpunkten muss Simone arbeiten? Kreuze an.

☐ s-Laute (A) ☐ Groß- und Kleinschreibung (B) ☐ i-Laut (C)

☐ Dehnungs-h (D) ☐ Zusammen- und Getrenntschreibung (E)

C Übungen

Prüfung der Zusammen- und Getrenntschreibung

Getrenntschreibung bei Verbindungen mit Nomen/Verb/Adjektiv + Verb

Verbindungen von Nomen + Verb, Verb + Verb oder Adjektiv + Verb schreibt man normalerweise getrennt. Beispiele: *Auto fahren, tanzen gehen, schnell fahren.*

1 *Finde zu der Regel im Kasten oben fünf Beispiele. Arbeite in deinem Heft.*

Zusammenschreibung bei Verbindungen mit Adverb/Präposition + Verb

Verbindungen aus Adverb + Verb oder Präposition + Verb werden zusammengeschrieben, wenn die Hauptbetonung auf dem Adverb oder auf der Präposition liegt. Beispiele: *ábrutschen, dúrchsetzen, híngehen.*

2 *Prüfe die Sätze 5, 9 und 11. Markiere die Wörter, die demnach zusammengeschrieben werden müssen.*

Prüfung der Groß- und Kleinschreibung

Nominalisierung

Du weißt, dass Nomen großgeschrieben werden. Manchmal werden auch Wörter anderer Wortarten (Verben oder Adjektive) großgeschrieben, wenn sie im Satz als Nomen gebraucht werden (**Nominalisierung**). Man erkennt das an der Verbindung mit einem der **Nomensignale**. Dazu gehören die so genannten **Indefinitpronomen**. Indefinitpronomen sind unbestimmte Pronomen (*etwas, alles, nichts, kein*...).

3 *Simone hat Schwierigkeiten mit der Groß- und Kleinschreibung. Überlege, warum die Beispiele in der rechten Spalte großgeschrieben werden und verbinde sie mit den Signalen aus der linken Spalte.*

(1) vorausgehender Artikel	alles Schwitzen	(A)
(2) Präposition (kann auch mit dem Artikel verschmolzen sein)	das Verlieren	(B)
(3) vorangestelltes Pronomen	unser Spielen	(C)
(4) vorangestelltes Adjektiv	lautes Jubeln	(D)
(5) Indefinitpronomen	beim Rennen	(E)

4 *Prüfe nun erneut die Groß- und Kleinschreibung in Simones Text. Umkreise die falsch geschriebenen Anfangsbuchstaben und unterstreiche die dazugehörigen Nomensignale.*
Hinweis: *Fehler finden sich in den Sätzen 2, 5, 10, 12, 15.*

Prüfung des langen und kurzen „i"-Lautes

5 *Simone macht auch Fehler bei der Schreibung des i-Lautes. Erinnerst du dich noch an die Regeln zum langen „i"? Fülle folgenden Lückentext mit Hilfe des Wortspeichers aus von S. 41.*

Das ______________ gesprochene **i** wird fast immer **ie** geschrieben, z. B. „Liebe", „Dieb", ______________.

Nur in einigen Kurzwörtern („wir", „dir", „mir") und in Fremdwörtern wird das lange **i** nur mit einem ______________ **i** geschrieben, z. B. „Klima" oder „Maschine". Es gibt nur wenige Wörter, in denen das lang gesprochene **i** mit **ieh** geschrieben wird, z. B. ______________. In diesen Fällen ist das **h** meist auch in der

Grundform enthalten: „sehen". In den Formen der ______________ „ihm", „ihn", „ihr", „ihnen" wird das lange **i** mit **ih** geschrieben.

Bei den beiden Wörtern „wieder" und „wider" kommt es auf die ______________ an: Ist „noch einmal" oder „zurück" gemeint, schreibst du mit **ie** (z. B. „wiederholen"). „Wider" im Sinne von „gegen" schreibst du mit **i** (z. B. ______________).

Wortspeicher

„er sieht" einfachen lang „Widerspruch" Pronomen „sieben" Bedeutung

6 *Streiche die sechs in Simones Text falsch geschriebenen Wörter mit **i** durch und schreibe sie richtig in die Randspalte daneben. **Hinweis:** Bei vier Wörtern ist der i-Laut kurz! Fehler findest du in den Sätzen 2, 6, 8, 10, 15.*

Den Ausdruck verbessern

7 *Bei den Sätzen 7 und 8 ist dir sicher aufgefallen, dass die häufige Verwendung von Wörtern aus der Wortfamilie „laufen" ungeschickt und eintönig klingt. Unterstreiche zunächst alle diese Wörter im Text.*

8 *Finde nun andere Wörter, mit denen du sie ersetzen kannst, und notiere diese.*

laufen: ______________________________

Durchlauf: ______________________________

Läufer: ______________________________

9 *Welche Wortwiederholungen fallen dir in den Sätzen 1, 2, 3, 14 und 15 auf? Welche in den Sätzen 3, 4, 5 und 9? Umkreise diese Wörter und notiere dir am Rand, wie du sie ersetzen kannst.*

Nomen durch Pronomen ersetzen

Nomen kann man durch die passenden Pronomen ersetzen, z. B. *der Spieler* ▷ *er.*

D Einen Schreibplan erstellen

1 *Schreibe nun Simones Text in überarbeiteter Form ab.*
- □ *Achte auf die richtige Schreibweise der Fehlerwörter (siehe Aufgaben C1 bis C6).*
- □ *Vermeide Wortwiederholungen. Nutze hierzu deine Ergebnisse aus den Aufgaben C7 bis C9.*

E Den eigenen Text überarbeiten

1 *Prüfe anhand der folgenden Checkliste, ob du deinen Text noch überarbeiten solltest.*

☑ Checkliste „Eine Spielanleitung überarbeiten"

Hast du ...	+	−
□ ... auf die richtige Schreibung des i-Lautes geachtet?	□	□
□ ... die Groß- und Kleinschreibung berichtigt?	□	□
□ ... die Zusammen- und Getrenntschreibung korrigiert?	□	□
□ ... Wiederholungen vermieden, indem du sie ersetzt hast?	□	□

Der Vorlesewettbewerb – Einen fehlerhaften Bericht überarbeiten

Paul, der Gewinner des Vorlesewettbewerbs, hat einen Bericht über das Ereignis verfasst. Überarbeite seinen Bericht für die Schulhomepage. Verbessere dabei
- den Aufbau so, dass er sich sinnvoll an den W-Fragen orientiert,
- eintönige und/oder unpassende Satzverknüpfungen,
- fehlende oder falsch gesetzte Satzzeichen,
- Tempusfehler.

Gib dem Bericht zuletzt eine informative und interessante Überschrift.

____ (1) Am letzten Schultag vor den Sommerferien fand an unserer Schule der diesjährige Vorlesewettbewerb statt der immer in den Klassen 5 und 6 ausgetragen wird.
____ (2) Daran nahm ich im Wettbewerb mit anderen Schülerinnen und Schülern dieser Klassen teil.
____ (3) In der Aula saßen viele Leute, sodass auch etliche Eltern da waren.
____ (4) Ich lese aus „Pünktchen und Anton" vor.
____ (5) Am Anfang zitterte meine Stimme vor Aufregung aber das bemerkte wohl niemand.
____ (6) Um 10 Uhr ging es los.
____ (7) Dann entdeckte ich meine Deutschlehrerin im Publikum und wurde ein bisschen ruhiger.
____ (8) Dann verspreche ich mich nur einmal;
____ (9) Am Ende belegte ich den 1. Platz.
____ (10) Dafür gab es ein Buch als Preis das ich noch nicht kannte.
____ (11) Darüber freute ich mich sehr.

A Die Aufgabe verstehen

1 *a) Markiere in den Teilaufgaben die Schlüsselbegriffe der Aufgabenstellung.*
b) Ergänze anschließend den Lückentext mit Hilfe des Wortspeichers.

Ich soll zunächst Pauls Bericht ______________________. Anschließend soll ich den Bericht ______________________. Dabei soll ich ______________________, was Paul nicht richtig formuliert hat. Besonders soll ich darauf ______________________, dass der Bericht einen klaren, sinnvollen Aufbau hat. Wenn Paul in seinem Bericht W-Fragen nicht in einer sinnvollen Reihenfolge ______________________ konnte, werde ich das korrigieren. Auch das Tempus, Satzverknüpfungen und Satzzeichen soll ich ______________________ und ______________________, wo es erforderlich ist.

Wortspeicher

verbessern · überarbeiten · achten · verbessern · lesen · beantworten · prüfen

B Erstes Verständnis – Ideen sammeln

1 *Was weißt du über Berichte? Kreuze an.*

Berichte ...	trifft zu	trifft nicht zu
a) ... werden immer im Präsens verfasst.	☐	☐
b) ... beruhen auf Fakten.	☐	☐
c) ... müssen Spannung aufbauen.	☐	☐
d) ... werden überwiegend im Präteritum verfasst.	☐	☐
e) ... stehen in Zeitungen.	☐	☐
f) ... enthalten ausschmückende Adjektive.	☐	☐
g) ... sind sachlich und neutral geschrieben.	☐	☐
h) ... nennen meist Nebensächliches und/oder Vermutungen.	☐	☐
i) ... beantworten W-Fragen (Wer? Wo? Was? etc.).	☐	☐

2 *Du sollst bei der Verbesserung des Berichts auf a) den **Aufbau**, b) die **Satzverknüpfungen**, c) die **Satzzeichen** und d) das **Tempus** achten.*
Welche Sätze aus Pauls Bericht gehören in die Einleitung?

W-Fragen in der Einleitung
In der Einleitung werden meist folgende W-Fragen beantwortet: *Wer? Was? Wann? Wo?*

Zur Einleitung gehören Satz ________, Satz ________ und Satz ________.

3 *a) Schau dir Satz 3 noch einmal genauer an. Welches Wort passt deiner Meinung nach nicht in den Satz? Begründe deine Entscheidung.*

Ich denke, das Wort ____________________ ist unpassend, denn ______________________________

____.

b) Eine Konjunktion am Satzanfang wiederholt sich. Markiere sie.

4 *Prüfe nun die Satzzeichen in den Sätzen 1, 5, 8 und 10. Welche Fehler sind Paul unterlaufen?*

	trifft zu	trifft nicht zu
a) Er vergisst die Kommas bei Aufzählungen.	☐	☐
b) Er setzt kein Komma zwischen Haupt- und Nebensatz.	☐	☐
c) Er setzt am Ende des Satzes kein Satzschlusszeichen.	☐	☐
d) Er setzt die Kommas oft an der falschen Stelle.	☐	☐
e) Er verwendet falsche Satzzeichen.	☐	☐
f) Er kennt die Kommaregel für Satzreihen nicht.	☐	☐

5 *Paul hat in seinem Bericht fälschlicherweise verschiedene Tempusformen gebraucht. Welches Tempus außer dem Präteritum wird von ihm benutzt, obwohl es in der Regel **nicht** in einen Bericht gehört? Kreuze an.*

☐ a) Präsens ☐ c) Perfekt
☐ b) Futur ☐ d) Plusquamperfekt

C Übungen

Den Aufbau des Berichtes überarbeiten

1 *Lies die folgenden Fragen. Markiere anschließend in verschiedenen Farben im Bericht auf S. 42 die Stellen, an denen diese Informationen vorkommen, und notiere die Antworten hier.*

a) **W**er war an dem Wettbewerb beteiligt?

____

b) **W**o fand der Vorlesewettbewerb statt?

____

c) **W**ann fand er statt?

____

d) **W**as passierte Paul beim Vorlesen?

____

e) **W**arum beruhigte Paul sich schließlich?

____

f) **W**ie endete der Vorlesewettbewerb?

____

2 *Lies Pauls Bericht nun noch einmal durch. Welchen Satz hat Paul fälschlicherweise dem Hauptteil seines Berichts zugeordnet? Begründe deine Meinung.*

Satz __________ gehört nicht in den Hauptteil, denn ____

____.

3 *Nummeriere nun die Sätze in einer sinnvollen Reihenfolge neu. Streiche auf S. 42 die alten Ziffern durch und schreibe die neuen Zahlen daneben.*

Satzverknüpfungen und Satzzeichen überarbeiten

4 *Paul verwendet nicht überall die richtigen Satzverknüpfungen.*
Ordne die Satzverknüpfungen auf der linken Seite den Wörtern auf der rechten Seite zu. Orientiere dich am Beispiel.

1) und	a) Grund
2) weil	b) Gegengrund
3) als	c) Reihung
4) aber	d) Grund
5) deshalb	e) Zeit

5 *Welche der oben genannten Satzverknüpfungen verlangen ein Komma? Markiere sie farblich.*

6 *Die Sätze 7 und 8 fangen beide mit „dann" an. Ersetze das „dann" in Satz 10 durch eine andere, passende Satzverknüpfung. Schreibe in die Randspalte auf S. 42.*

Das Tempus korrigieren

7 *Paul hat auch Fehler beim Tempus gemacht. Vervollständige den folgenden Satz:*

Berichte werden überwiegend im ______________________________ geschrieben.

8 *Ergänze die folgende Tabelle um die richtigen Verbformen.*

Grundform	1. Person/ Singular Präsens	1. Person/ Singular Präteritum	1. Person/ Singular Perfekt	1. Person/Singular Plusquamperfekt
teilnehmen	ich nehme teil			ich hatte teilgenommen
sitzen		ich saß		
lesen			ich habe gelesen	
entdecken				ich hatte entdeckt

D Einen Schreibplan entwickeln

1 *Überlege, welche Sätze in Pauls Bericht zur Einleitung, zum Hauptteil und zum Schluss gehören. Schreibe jeweils in die Randspalte auf S. 42:* E *für Einleitung,* H *für Hauptteil,* S *für Schluss.*

2 *Kreuze an, welche der folgenden Überschriften angemessen für einen Bericht sind.*
Wähle eine aus oder finde eine eigene.

- ☐ (A) Paul sahnt den ersten Platz ab
- ☐ (B) Das Zittern seiner Stimme
- ☐ (C) Der diesjährige Vorlesewettbewerb der Klassen 5 und 6
- ☐ (D) Der Vorlesewettbewerb am letzten Schultag

3 *Schreibe Pauls Text in überarbeiteter Form ab.*
- ☐ *Beachte die veränderte Reihenfolge der Sätze.*
- ☐ *Gliedere deinen Text durch Absätze in Einleitung, Hauptteil und Schluss.*
- ☐ *Achte auf das richtige Tempus.*
- ☐ *Achte auf die Satzzeichen und Satzverknüpfungen.*

E Den eigenen Text überarbeiten

1 *Hannes und Fabian haben in Pauls Entwurf besonders auf die Einleitung geachtet und schlagen Verbesserungen vor. Welche Einleitung findest du gelungener? Begründe deine Meinung in wenigen Sätzen. Arbeite im Heft.*

Hannes: Um 10 Uhr ging es los. Der Vorlesewettbewerb unserer Schule begann am letzten Tag vor den Sommerferien. Die fünften und sechsten Klassen traten gegeneinander an. Ich war dabei [...]

Fabian: Am letzten Schultag vor den Sommerferien fand an unserer Schule der diesjährige Vorlesewettbewerb statt, der immer in den Klassen 5 und 6 ausgetragen wird. Daran nahm ich im Wettbewerb mit anderen Schülerinnen und Schülern dieser Klassen teil. Um 10 Uhr ging es los.

4 *Prüfe anhand der folgenden Checkliste, ob du deine Überarbeitung noch verbessern könntest.*

☑ Checkliste „Einen fehlerhaften Bericht überarbeiten"

Hast du ...

	+	−
☐ ... den Aufbau so verändert, dass er die W-Fragen sinnvoll beantwortet?	☐	☐
☐ ... eintönige und unpassende Satzverknüpfungen verbessert?	☐	☐
☐ ... fehlende oder falsch gesetzte Satzzeichen korrigiert?	☐	☐
☐ ... Tempusfehler berichtigt?	☐	☐

Die beiden Schwestern – Eine Sage untersuchen

Untersuche die Sage „Die beiden Schwestern", indem du folgende Aufgaben bearbeitest:
1. Gib die Handlung der Sage mit eigenen Worten wieder.
2. Beschreibe die Hauptfiguren der Sage und deren Verhalten.
3. Belege anhand von Beispielen, dass es sich um eine Sage handelt.

Die beiden Schwestern

Vor langen Jahren lebten zu Hellinghausen, einem freundlichen Dörfchen in der Nähe von Liesborn, zwei Schwestern. Die eine war sehr reich und lebte mit ihrem Mann und ihren Kindern im Überfluss. Die andre aber war so arm, dass sie mit ihren sechs Kindern Hunger und Kälte ertragen musste, denn sie war eine hilflose Witwe, welche nur von Almosen lebte. Viele Jahre lang hatte die reiche Schwester mit unbarmherzigen Augen den Jammer und die Armut ihrer unglücklichen Verwandten angesehen und noch immer wurde ihr hartes Herz nicht erweicht; denn Schimpfworte und eine schmähliche[1] Zurückweisung waren jedes Mal das Los der armen Schwester, wenn sie kam, um für ihre hungrigen Kinder um eine kleine Gabe zu bitten. Mit Geduld ertrug indessen die arme Frau ihre Not und nahm sich fest vor, ihre mitleidlose Schwester niemals mehr um etwas zu bitten. Eines Tages aber konnte sie das Jammergeschrei ihrer hungrigen Kinder nicht mehr ertragen; überwältigt von Mutterliebe entschloss sie sich, noch einmal zu ihrer Schwester zu gehen und dieselbe um ein Stückchen Brot anzuflehen. „Ich habe kein Brot", war die Antwort, und als nun die arme Schwester mit Tränen noch inniger in sie drang[2], antwortete sie mit kreischender Stimme: „Das Brot, das ich im Hause habe, mag zu Stein werden!", und trostlos kehrte die bedrängte Mutter zu ihren hungrigen Kindern zurück. Als nun am anderen Morgen die böse Schwester den Schrank öffnete, um das Brot herauszunehmen, siehe, da war es gänzlich zu Stein geworden, und vor Schrecken stürzte sie zu Boden und war tot. Das versteinerte Brot wurde zum Andenken an diese Begebenheit und zum warnenden Beispiel an einer eisernen Kette hinter dem Hochaltar zu Hellinghausen aufgehangen, wo es noch gegenwärtig zu sehen ist.

1 **schmählich:** verächtlich 2 **innig in jmd. dringen:** jmd. stark bedrängen

A Die Aufgabe verstehen

1 *Hast du verstanden, was du tun sollst? Kreuze an, ob die Aussagen zutreffen oder nicht.*

Du sollst …	**trifft zu**	**trifft nicht zu**
a) … alle drei Aufgaben mit Hilfe des Textes lösen.	☐	☐
b) … Verhalten und Wesen der beiden Schwestern beschreiben.	☐	☐
c) … deine Meinung zum Verhalten der Schwestern darlegen.	☐	☐
d) … die Sage mit deinen eigenen Worten wiedergeben.	☐	☐
e) … die Sage spannend und lebendig nacherzählen.	☐	☐
f) … die Merkmale einer Sage an Beispielen aus dem Text aufzeigen.	☐	☐

2 *Was weißt du über Sagen? Kreuze an, ob die Aussagen richtig sind oder nicht.*

Sagen ...	**richtig**	**falsch**
a) ... sind ganz frei erfunden.	☐	☐
b) ... haben einen wahren Kern.	☐	☐
c) ... sind mündlich überliefert.	☐	☐
d) ... gehören zu bestimmten Orten.	☐	☐
e) ... handeln von Außergewöhnlichem.	☐	☐
f) ... gehen immer glücklich aus.	☐	☐

B Den Text verstehen

1 *Sagen sind kurze Erzählungen und besitzen eine Einleitung, einen Hauptteil und einen Schluss. Lies dir die Sage mehrmals durch und markiere am Rand fünf sinnvolle Handlungsabschnitte.*

2 *Trage die Ergebnisse in die folgende Tabelle ein und ergänze die Stichworte zum Inhalt.*

Abschnitte			**Stichworte zum Inhalt**
1	Einleitung		
2	Hauptteil	Z. 5 bis Z. 11	
3			
4			
5	Schluss	Z. 19 bis Z. 21	

C Übungen

Den Inhalt wiedergeben

1 *Ergänze die folgenden Satzanfänge mit Hilfe des Tipps. Arbeite in deinem Heft.*

Die Sage „Die beiden Schwestern“ erzählt ...
Während die reiche Schwester verheiratet ist und ... ist ihre Schwester ...
Viele Jahre hat sie vergeblich versucht, ...
Als ihre Not übergroß wird, fasst sie sich ein Herz ...
Aber ihre hartherzige Schwester ...
Sie wünscht, dass das Brot ...
Am nächsten Morgen öffnet sie ... und vor Schreck ...

TIPP

Den Inhalt wiedergeben

1. Einleitungssatz:
Angabe der Textart, des Titels, des Verfassers (wenn bekannt) und kurzer Hinweis, worum es im Text geht

2. Hauptteil:
Wiedergabe der wichtigsten Aussagen des Textes in **eigenen** Worten im Präsens

Die Figuren beschreiben

2 *Worin unterscheiden sich die Schwestern? Finde die Wörter aus dem Wortspeicher im Text und unterstreiche sie dort mit verschiedenen Farben (z. B. für die eine Schwester: blau; für die andere Schwester: rot).*

Wortspeicher

sehr reich | im Überfluss | arm | hilflose Witwe | mit unbarmherzigen Augen | unglücklich | hartes Herz | mit Geduld | mitleidlos | Mutterliebe | mit kreischender Stimme | böse

3 *Trage die Wörter in die richtige Spalte der Tabelle ein:*

Die eine Schwester (mit Mann und Kindern)	**Die andere Schwester** (verwitwet, 6 Kinder)
sehr reich, ______	______
______	______
______	______
______	______

4 *Die reiche Schwester zeigt ihren wahren Charakter auch durch ihre Reaktion auf die Bitten und das Flehen ihrer armen Schwester. Suche jeweils die entsprechende Reaktion aus dem Text heraus und schreibe sie in eigenen Worten auf. Verwende als Tempus das Präsens:*

a) Die arme Schwester ist hilflos und muss Hunger und Kälte ertragen.

→ Die reiche Schwester lässt sich nicht erweichen.

b) Die arme Schwester bittet um eine kleine Unterstützung.

→ ______

c) Die arme Schwester überwindet sich und fleht ihre Schwester an, ihren Kindern ein Stück Brot zu geben.

→ ______

d) Die arme Schwester bittet sie immer flehentlicher.

→ ______

5 *Vermeide bei der Beschreibung die blassen Verben „sein" und „haben". Wie lassen sich die folgenden Sätze mit Hilfe der Verben aus dem Wortspeicher abwechslungsreicher formulieren?*

Wortspeicher

besitzen | sich auszeichnen durch | leben in | zeigen

Die eine Schwester **ist** sehr reich. → Die eine Schwester **lebt** in großem Reichtum.

Sie ist mitleidlos. → ______

Sie ist böse. → ______

Die andere Schwester ist arm. → ______

Sie hat Mutterliebe. → ______

D Den Schreibplan erstellen

1 *Bearbeite nun die erste Teilaufgabe der Aufgabenstellung auf S. 46: Fasse die Handlung der Sage mit eigenen Worten zusammen. Dabei kannst du auf deine Ergebnisse aus Aufgabe C 1 (S. 47) zurückgreifen.*

2 *Gehe jetzt zu Teilaufgabe 2: Formuliere in deinem Heft eine zusammenfassende Beschreibung der beiden Schwestern und deren Verhalten. Verwende dazu deine Ergebnisse aus den Aufgaben 2 bis 5 im Teil C. Achte dabei auf das richtige Tempus (Präsens) und Wechsel im Ausdruck. Folgende Formulierungen helfen dir:*

In der Sage kommen zwei Schwestern vor, die sehr ...
Die eine Schwester lebt in großem ..., die andere Schwester ...
Während die reiche Schwester ..., zeigt die arme ...

Diese Eigenschaften der beiden Schwestern werden auch an ihrem Verhalten deutlich:
Als die arme ...

3 *Bearbeite die dritte Teilaufgabe. Greife dazu auf deine Ergebnisse von Aufgabe A 2 zurück.*

E Den eigenen Text überarbeiten

1 *a) Der folgende Text enthält einige Fehler. Korrigiere die angestrichenen Rechtschreibfehler, indem du die Wörter in der richtigen Schreibweise in der ersten Randspalte notierst.*
b) Unterstreiche alle Tempusfehler und notiere die richtige Tempusform in der zweiten Spalte.

VORSICHT FEHLER!

	Rechtschreibung	Tempus
In der Sage „Die beiden Schwestern" wird von einer armen und einer sehr reichen Schwester erzählt. Die reiche Schwester lebte mit ihrem Mann und ihren		
Kindern in Reichtum und Überflus. Die arme Schwester hatte ihren Mann ver-		
lohren und musste nun mit ihren sechs Kindern ein kümerliches Leben führen.		
Immer wieder bittet die arme Schwester ihre hardherzige Verwandte um Hilfe,		
aber diese ließ sich einfach nicht erweichen. Sie hatte ein Herz aus Stein. Als		
die arme Schwester sich doch noch einmal dazu aufraft, für ihre Kinder um ein		
Almoßen zu bitten, hat die steinreiche Schwester sie einfach aus dem Haus		
geworfen. Doch ihr unmenschliches Verhalten wurde biter bestraft. Die herz-		
lose Schwester muß ihre Herzlosigkeit mit dem eigenen Leben bezalen.		

2 *Prüfe mit Hilfe der folgenden Checkliste, wie du deinen Aufsatz noch verbessern kannst.*

✔ Checkliste „Eine Sage untersuchen"

Hast du ...	+	−
☐ ... die Handlung der Sage mit eigenen Worten wiedergegeben?	☐	☐
☐ ... die Schwestern mit Hilfe der Einträge in die Tabellen ausführlich beschrieben?	☐	☐
☐ ... die Merkmale einer Sage durch Belege im Text nachgewiesen?	☐	☐
☐ ... als Tempus durchgängig das Präsens und bei Vorzeitigkeit das Perfekt verwendet?	☐	☐
☐ ... die blassen Hilfsverben „sein" und „haben" weitgehend vermieden?	☐	☐

Ausflugstipp Kakushöhle – Sachtexte für Informationen nutzen

In der Schülerzeitung deiner Schule wird eine Seite „Ausflugstipps für die Sommerferien" eingerichtet. Von einem Besuch in der Kakushöhle hast du dir Informationsmaterial mitgebracht, das du nun gut für einen eigenen Text brauchen kannst.

1. Stelle dafür die wichtigsten Informationen zusammen. Notiere jeweils in Stichworten:
   a) die Informationen aus den Texten,
   b) die zusätzlichen Informationen, die du nur aus der Grafik bekommst.
2. Verfasse einen Ausflugstipp für die Kakushöhle. Verwende dabei die Informationen, die du erarbeitet hast, und begründe deine Empfehlung.

M1

Die Kakushöhle bei Eiserfey

Im Sommer, wenn die Bäume mit ihrem dichten Blätterdach den Felsen überspannen, ist der ganze Ort in Schatten gelegt, der fast auch am hellen Tag an die abendliche Dämmerung erinnert. In diesem Schattenreich erhebt sich eine ungefähr zwanzig Meter hohe Felswand, die das Reich des „Kakus" beherbergt. Der Riese „Kakus" soll einst hier in der Eifel gewohnt haben und daher trägt die Höhle heute noch seinen Namen. Wie das Tor zur Unterwelt öffnet sich der dunkle Höhleneingang dem neugierigen Besucher, faszinierend und Respekt gebietend zugleich. Soll ich da wirklich hineingehen? Aber seien Sie unbesorgt – kein Riese verbirgt sich hier, und Säbelzahntiger gab es zwar früher dort, aber sie sind längst ausgestorben. Bei Ausgrabungen hat man einfache Werkzeuge, Waffen sowie Knochenreste der verschiedensten Tiere wie Mammut, Rentier und Wollnashorn gefunden.

M2

Die Kakushöhle

Die Kakushöhle ist eine riesige Kalksteinhöhle mit mehreren Nebenhöhlen. Sie ist nachweislich die älteste menschliche Wohnstätte im Rheinland. Bei mehreren Ausgrabungen konnten hier Reste von Urwerkzeugen und Waffen sowie Knochenreste ausgestorbener Tiere gefunden werden. Die Funde können heute in einem Museum in Köln besichtigt werden. Neben diesen steinzeitlichen Höhlenfunden gibt es auf der Höhe einen Schutzwall aus der Zeit vor ca. 300–50 v. Chr. Es besteht die Möglichkeit, die Höhle zu besichtigen (Taschenlampe nicht vergessen) und einen kleinen Rundweg zu begehen. In der Nähe gibt es auch einen Grillplatz, und das ganze Gelände eignet sich prima für eine Schnitzeljagd.

M3

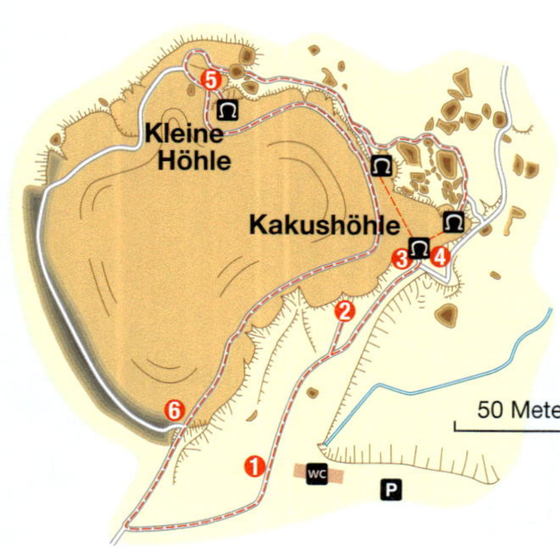

❶ Ausgangspunkt

❷ Wissenswertes über Pflanzen und Tiere der Gegend (Info-Tafel)

❸ Geschichte der Höhle (Info-Tafel)

❹ Einblick in die Lebensweise der Neandertaler, deren 80.000 bis 40.000 Jahre alte Steinwerkzeuge hier gefunden wurden. (Info-Tafel)

❺ Information über Rentierjäger, deren ca. 12.000 Jahre alte Pfeilspitzen man hier fand. (Info-Tafel)

❻ Überreste einer alten Wallanlage

A Die Aufgabe verstehen

1 *Mache dir bewusst, was die Aufgabenstellung von dir verlangt und was nicht. Kreuze an.*

Du sollst ...	richtig	falsch
a) ... dir klarmachen, woher die Texte stammen.	☐	☐
b) ... die für deine Empfehlung wichtigen Informationen über die Höhle zusammenstellen.	☐	☐
c) ... die Texte mehrmals laut lesen.	☐	☐
d) ... in der Grafik nach weiteren Informationen suchen.	☐	☐
e) ... alle Informationen über die Höhle herausschreiben.	☐	☐
f) ... eine möglichst sachliche Beschreibung der Höhle verfassen, wie in einem Lexikon.	☐	☐
g) ... die Kakushöhle als Ziel für einen Ausflug empfehlen.	☐	☐
h) ... von einem Besuch in einer Tropfsteinhöhle erzählen.	☐	☐
i) ... genau beschreiben, wie man zu der Höhle kommt (Anreise).	☐	☐
j) ... die Informationen in eine sinnvolle Reihenfolge bringen.	☐	☐

B Erstes Textverständnis

1 *a) Schreibe nach dem ersten Lesen aus deiner Erinnerung in Stichworten auf, was du selbst an der Höhle interessant findest. Arbeite in deinem Heft.*
b) Sieh dir Text und Skizze noch einmal an und ergänze Informationen, die für deinen Text noch wichtig sind.

C Übungen

Informationen ermitteln

1 *Anna und Kenan haben den ersten Text bereits bearbeitet. Sie haben einige **Stellen markiert** und am Rand **Stichworte** formuliert. Prüfe, welche Bearbeitung sinnvoller ist, und begründe dein Urteil.*

Texte richtig markieren und Stichworte formulieren

Richtig markieren bedeutet, das **Wichtigste** hervorzuheben. Das Wichtigste für einen Ausflugstipp ist: Was ist an dem Ausflug interessant? Welche Informationen braucht man? Dabei solltest du den Textmarker **möglichst sparsam** anwenden. **Stichworte** solltest du so knapp wie möglich halten.

Anna:

Im Sommer, wenn die Bäume mit ihrem dichten Blätterdach den Felsen überspannen, ist der ganze Ort in Schatten gelegt, der fast auch am hellen Tag an die abendliche Dämmerung erinnert. In diesem Schattenreich erhebt sich eine ungefähr zwanzig Meter hohe Felswand, die das Reich des „Kakus“ beherbergt. Der Riese „Kakus“ soll hier einst gewohnt haben und daher trägt die Kalksteinhöhle heute noch seinen Namen.

Randnotizen: Dunkelheit auch im Sommer – Wohnort des Riesen Kakus

Kenan:

Im Sommer, wenn die Bäume mit ihrem dichten Blätterdach den Felsen überspannen, ist der ganze Ort in Schatten gelegt, der fast auch am hellen Tag an die abendliche Dämmerung erinnert. In diesem Schattenreich erhebt sich eine ungefähr zwanzig Meter hohe Felswand, die das Reich des „Kakus“ beherbergt. Der Riese „Kakus“ soll hier einst gewohnt haben und daher trägt die Kalksteinhöhle heute noch seinen Namen.

Randnotizen: riesige Felswand – Name der Höhle

2 *Markiere nun selber die wichtigen Stellen in den Texten M1 und M2 und schreibe dann die für deine Empfehlung interessantesten Stichworte heraus.*

3 *Prüfe, ob du die Texte M1 und M2 richtig gelesen hast. Manches steht genau so darin, wie du es in der folgenden Tabelle findest. Manches musst du erschließen, indem du „zwischen den Zeilen" liest. Einiges ist falsch.*
a) Markiere in den Texten die Stellen, an denen du die Angaben findest. Verwende verschiedene Farben – je nachdem, ob etwas genau so in den Texten steht oder nur sinngemäß.
b) Kreuze jeweils in der richtigen Spalte an und notiere die Text- und Zeilenangabe.

Aussagen über die Kakushöhle	Das steht in den Texten.	Das kann man aus den Texten erschließen.	Das ist falsch.
1. Früher haben dort Mammuts gelebt.	☐ ______	☐ M1, Z. 8	☐
2. Man kann dort ein Mammutskelett besichtigen.	☐ ______	☐ ______	☐
3. Es gibt Informationen über die Lebensweise der Neandertaler.	☐ ______	☐ ______	☐
4. Der Eingang ist ein wenig furchterregend.	☐ ______	☐ ______	☐
5. Die Höhle liegt in einem Wald.	☐ ______	☐ ______	☐
6. Hinter dem Eingang geht es 20 Meter abwärts.	☐ ______	☐ ______	☐
7. Die Höhle ist nach dem Riesen Kakus benannt.	☐ ______	☐ ______	☐
8. Hier haben früher viele verschiedene Tierarten gelebt.	☐ ______	☐ ______	☐
9. Es handelt sich um eine einzige Höhle.	☐ ______	☐ ______	☐
10. Die Funde sind in einem Kölner Museum zu besichtigen.	☐ ______	☐ ______	☐
11. Die Höhle ist gut beleuchtet.	☐ ______	☐ ______	☐

Die Karte auswerten

4 *Suche in der Karte die Punkte ① und ④. Verfolge den Weg zwischen diesen Punkten und beschreibe mit Hilfe der „Legende" (Erläuterungen), was du auf diesem Weg alles sehen kannst. Fülle dazu den Lückentext aus.*

Eine Karte richtig lesen

Zu einer **Karte** (Grafik) gehören in der Regel auch **Erläuterungen**, die **„Legende"**. Um die Karte zu verstehen, musst du Zeichnung und „Legende" anschauen. Der **Maßstab** hilft dir, Entfernungen einzuschätzen.

Etwa __________ Meter hinter dem Ausgangspunkt führt eine kleine Abzweigung nach __________. An deren Ende befindet sich eine Infotafel über ______________________________. Geht man auf dem Hauptweg weiter, gelangt man ungefähr nach weiteren ________ Metern an ______________________________

____.

5 *In der Skizze findest du mehrere Zeichen, die wie Hufeisen aussehen:* Ω
Der Lückentext hilft dir, sie zu deuten.

Wie viele solcher „Hufeisen“ findest du? ______________.

Überlege, was die Zeichen bedeuten könnten. Kleiner Tipp: Die Texte geben dir einen Hinweis.

Der Hinweis findet sich in den Texten in Zeile __________.

Das Zeichen bedeutet ______________________________.

Text und Grafik zueinander in Beziehung setzen

6 *Mache dir an einigen Beispielen bewusst, wie die Texte und die Skizze einander ergänzen. Notiere jeweils drei Stichworte.*

Das steht nur in den Texten:	______________________________ ______________________________ ______________________________
Das geht nur aus der Skizze mit ihren Erklärungen hervor:	______________________________ ______________________________ ______________________________
Das stimmt bei den Texten und der Skizze (einschließlich ihrer Erklärungen) überein:	______________________________ ______________________________ ______________________________

Eine Empfehlung formulieren

7 a) *Überlege, was du selbst an der Kakushöhle interessant, spannend oder reizvoll findest. Unterstreiche aus den folgenden Beispielen drei Stichworte, die du selbst besonders anregend findest.*

Eine Empfehlung begründen

Eine **Empfehlung** musst du auch **begründen**, damit sie überzeugend wirkt. **Begründungen** machst du sprachlich deutlich mit Wörtern und Wendungen wie *da, weil* und *denn, (und zwar) deshalb.*

Größe	verborgene Lage (Wald)	Alter	Verzweigung (mehrere Nebenhöhlen)	Zeugnisse aus der Geschichte

b) *Formuliere anschließend zu den drei Stichworten je einen Satz für deinen Ausflugstipp. Denke an die Begründung: Warum findest du gerade das interessant oder spannend? Schreibe in dein Heft.*

8 *Überlege, an welchen Stellen du durch die Art der Darstellung noch ein wenig Spannung einfügen könntest, indem du das Geheimnisvolle der Höhle hervorhebst. Formuliere eine dieser Stellen in deinem Heft aus. Die Formulierungsbausteine helfen dir dabei.*
Vorsicht: *Dein Text muss in jedem Fall sachlich bleiben und darf nicht reißerisch werden!*

Formulierungsbausteine

Plötzlich · Höhleneingang · dämmriges Licht · Augen gewöhnen · etwas unheimlich · du fragst dich, ob nicht vielleicht · Felsvorsprung · wie es hinter ... aussehen mag

D Den Schreibplan erstellen

1 *In Aufgabe C1 hast du die wichtigsten Informationen aus den Materialien herausgearbeitet. Für deinen Text musst du sie noch in eine sinnvolle Reihenfolge bringen. Die folgende Übersicht (Mind-Map) hilft dir dabei.*
a) Ergänze die Mind-Map mit Hilfe deiner Stichworte.
b) Nummeriere die Stichworte in der Reihenfolge, in der du sie in deinem Text verwenden willst.

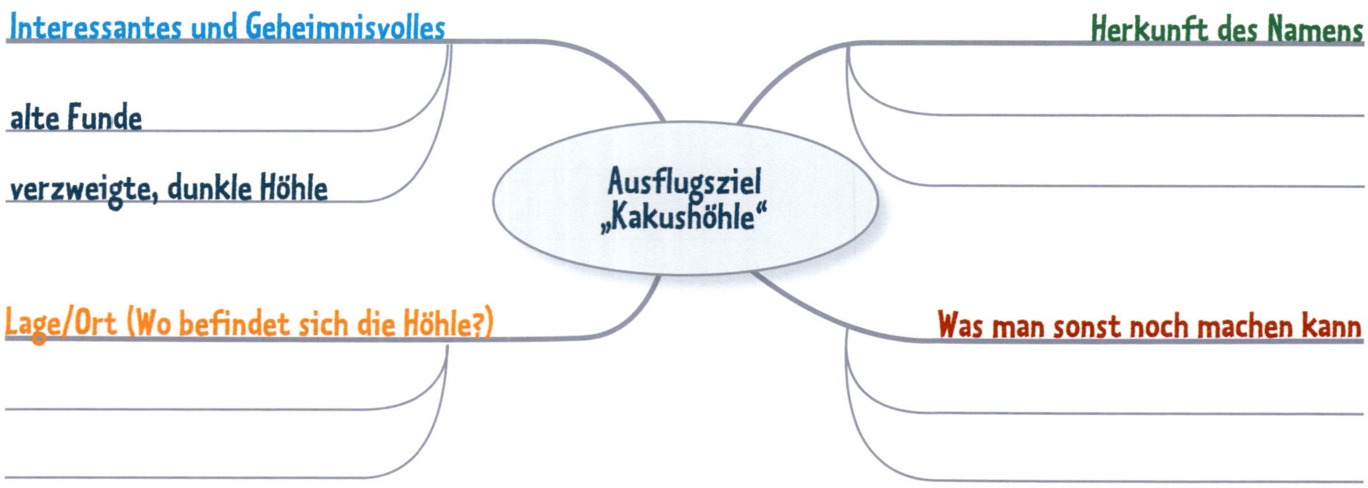

c) Übertrage die Nummern nun untereinander in dein Heft und schreibe die Stichworte dahinter. Damit hast du einen genauen Schreibplan. Markiere die Informationen, die aus der Grafik stammen.

2 *Schreibe deinen Ausflugstipp ins Heft. Achte darauf, dass dein Text in Absätze eingeteilt ist.*

E Den eigenen Text überarbeiten

1 *Überprüfe deinen Text mit Hilfe der folgenden Checkliste und überarbeite ihn gegebenenfalls.*

✔ Checkliste „Sachtexte zur Information nutzen“

Hast du ...	+	−
☐ alle wichtigen Informationen aus den Texten verwendet?	☐	☐
☐ ergänzende Informationen aus der Grafik berücksichtigt?	☐	☐
☐ dabei darauf geachtet, was deine Leserinnen und Leser besonders interessieren könnte?	☐	☐
☐ begründet, warum du die Höhle empfiehlst und sie als Ziel schmackhaft gemacht hast?	☐	☐
☐ eine inhaltliche Gliederung eingehalten, ohne zwischen verschiedenen Punkten hin- und herzuspringen?	☐	☐
☐ deinen Text in Absätze unterteilt (äußere Gliederung)?	☐	☐
☐ auf Rechtschreibung und Zeichensetzung geachtet?	☐	☐

Prima Klima? – Testaufgaben trainieren

Mit diesem Test kannst du verschiedene Aufgabenformate trainieren.
Dazu gehören Zuordnungsaufgaben, Ankreuzaufgaben (Multiple Choice), Richtig-Falsch-Aufgaben und Einsetzaufgaben. Manchmal musst du auch eine kurze Antwort im ganzen Satz geben.
Diese Aufgaben testen in erster Linie, wie gut du einen Text lesen und verstehen kannst. Der Test bereitet dich auch schon auf die Aufgaben der Lernstandserhebung vor.

Lies den folgenden Text und beantworte im Anschluss die Fragen auf den Seiten 57–61.

Stefanie Wilhelm

Es wird wärmer!

Warum verändert sich das Klima?
Klimaveränderungen hat es auf der Erde immer gegeben. Neu ist jedoch, dass sich das Klima noch nie so schnell verändert hat wie heute. Neu ist auch, dass zum ersten Mal der Mensch für den Klimawandel verantwortlich ist. Dass es auf der Erde immer wärmer wird, liegt vor allem am Treibhauseffekt. In einem Treibhaus für Pflanzen sorgt ein Glasdach dafür, dass Sonnenstrahlen hineingelangen, Wärmestrahlen jedoch nicht wieder entweichen können. Ähnlich wie das Glasdach wirken in unserer Atmosphäre bestimmte Gase (z. B. Kohlendioxid). Sie lassen die einfallenden Sonnenstrahlen passieren, verhindern aber, dass die Wärme, die von der Erde zurückgestrahlt wird, in den Weltraum entweichen kann. Dadurch erhöht sich die Temperatur auf der Erde.
Der natürliche Treibhauseffekt ist eigentlich etwas Gutes. Ohne ihn wäre Leben auf der Erde nicht möglich. Die Durchschnittstemperatur würde weit unter null Grad Celsius liegen. Doch seit die Menschen Fabriken bauen und immer mehr Energie verbrauchen, gelangt immer mehr Kohlendioxid in die Atmosphäre und verstärkt so den Treibhauseffekt um ein Vielfaches. Gleichzeitig werden große Waldgebiete vernichtet, sodass es weniger Bäume gibt, die das Kohlendioxid aus der Luft aufnehmen können. Vor allem die tropischen Regenwälder in Südamerika sind wichtig für unser Klima. Sie werden auch als „grüne Lunge der Erde“ bezeichnet.

Welche Folgen hat der Klimawandel für Umwelt, Tiere und den Menschen?
Forscher gehen davon aus, dass die Durchschnittstemperatur auf der Erde in den nächsten hundert Jahren zwischen 2 und 4,5 Grad Celsius ansteigt. Das klingt im ersten Moment vielleicht gar nicht nach sehr viel. Die Veränderungen, die dieser Temperaturanstieg mit sich bringt, sind in Ansätzen heute schon zu spüren.
Am deutlichsten zeigen sich die Folgen des Klimawandels am Nord- und Südpol. Dort gibt es immer weniger Eis. Wenn weiterhin so viel Kohlendioxid in die Atmosphäre entlassen wird wie bisher, könnte der Nordpol schon in 34 Jahren eisfrei sein. Mit dem Packeis würden auch die Eisbären und viele andere Tierarten verschwinden. Schon jetzt zwingt der Klimawandel viele Tiere zum Umsiedeln. Die Orkas, die so genannten Killerwale, ziehen in Folge der Eisschmelze viel höher in den Norden. Vor der englischen Küste wurden in diesem Sommer Mondfische beobachtet, die eigentlich in der Nähe des Äquators zu Hause sind. Weißspitzenriffhaie sind aus dem Südpazifik ins Mittelmeer gewandert und der Löffler, eine Ibisart aus dem Mittelmeerraum, bevorzugt mittlerweile das deutsche Wattenmeer zum Nisten.
Viele Tier- und Pflanzenarten werden durch den Klimawandel ihren Lebensraum verlieren. Feuchtgebiete werden verschwinden und Wüsten Platz machen. Raupen, die zu spät

schlüpfen, finden nur Blätter vor, die viel zu zäh für sie sind. Laicht der Kabeljau zu früh, gibt es noch kein Plankton und seine Jungen müssen verhungern.

Auch der Mensch muss sich auf schlimme Veränderungen gefasst machen. Durch die warmen Wassertemperaturen und das Abschmelzen der Pole wird der Meeresspiegel ansteigen. Einige Inseln und manche Küstenregionen könnten langsam im Meer versinken. Forscher gehen außerdem davon aus, dass es in Zukunft immer häufiger zu extremen Wetterereignissen, wie Stürmen, Überschwemmungen und extremer Dürre, kommen wird. Auch vor Wassermangel warnen sie.

Können wir den Klimawandel noch aufhalten?
Dennoch ist die Lage nicht hoffnungslos. Entscheidend ist nämlich, wie schnell das Klima wärmer wird. Wenn die Erderwärmung zwei Grad nicht überschreitet, könnten die schlimmsten Folgen des Klimawandels verhindert werden. Wenn wir den Ausstoß von Treibhausgasen weltweit reduzieren, ist es möglich, dieses Ziel zu erreichen. Politiker auf der ganzen Welt müssen dafür Sorge tragen, dass in ihrem Land etwas für den Klimaschutz getan wird. Aber auch jeder Einzelne kann helfen.

Multiple-Choice-Aufgaben

TIPP

Bei **Multiple-Choice-Aufgaben** („Auswahl-Aufgaben“) musst du unter verschiedenen Vorgaben die einzige richtige Lösung wählen. Manchmal wird auch nach der einzigen falschen Antwort gefragt. In beiden Fällen darfst du nur ein Kreuz setzen.

1 *Kreuze die richtige Aussage an. Der Klimawandel vollzieht sich …*

a) ☐ ... nur in Europa.
c) ☐ ... auf der ganzen Welt.
b) ☐ ... nur in Ländern, die eine Wüstenregion haben.
d) ☐ ... in den USA und in Kanada.

2 *Um wie viel Grad wird sich die Durchschnittstemperatur auf der Erde in den nächsten 100 Jahren verändern? Sie wird …*

a) ☐ ... um bis zu 4,5 Grad Celsius sinken.
c) ☐ ... um bis zu 4,5 Grad Celsius steigen.
b) ☐ ... um bis zu 5,4 Grad Celsius steigen.
d) ☐ ... um bis zu 5,4 Grad Celsius sinken.

3 *Kreuze an: Das Eis an Nord- und Südpol wird in den nächsten 34 Jahren …*

a) ☐ ... vollständig zu Speiseeis verarbeitet.
c) ☐ ... große Risse und Spalten aufweisen.
b) ☐ ... schmelzen.
d) ☐ ... um 5 cm dicker.

Richtig-Falsch-Aufgaben

TIPP

Bei einer **Richtig-Falsch-Aufgabe** musst du entscheiden, welche Aussagen richtig oder falsch sind bzw. zutreffen oder nicht zutreffen. Oft hängt es nur von einem Wort ab, ob eine Aussage/Lösung richtig oder falsch ist. Deshalb musst du sehr genau lesen.
Achtung: Bei dieser Aufgabenart können mehrere Antworten zutreffen bzw. falsch sein, d. h., du musst gegebenenfalls **mehrere Kreuze** bei **„richtig“** und bei **„falsch“** setzen.

4 *Um welche Textsorte handelt es sich bei dem dir vorliegenden Text zum Klimawandel? Entscheide, welche der Aussagen zutreffen, welche nicht.*

Bei dem Text handelt es sich um ...	**trifft zu**	**trifft nicht zu**
1. ... einen Romanauszug.	☐	☐
2. ... einen Zeitschriftenartikel.	☐	☐
3. ... eine kurze Erzählung.	☐	☐
4. ... einen Sachtext.	☐	☐
5. ... eine Anzeige.	☐	☐
6. ... eine Reportage.	☐	☐

5 *Die Folgen der Klimakatastrophe sind vielfältig. Worin bestehen sie? Kreuze jeweils an, ob die Aussagen stimmen oder nicht.*

Der Klimawandel hat Auswirkungen auf ...	**trifft zu**	**trifft nicht zu**
1. ... die Verhaltensweise der Tiere.	☐	☐
2. ... das Wetter, z. B. zunehmende Stürme, Regenfälle, Hitze.	☐	☐
3. ... die natürlichen Rohstoffquellen wie Wasser.	☐	☐
4. ... die Funktionstüchtigkeit von Computern, Spielkonsolen und Mobiltelefonen.	☐	☐
5. ... die Veränderung von Inseln und Küstenregionen.	☐	☐
6. ... das Größerwerden von Inseln und Küstenregionen.	☐	☐

Zuordnungsaufgaben

TIPP

Bei einer **Zuordnungsaufgabe** musst du aus einer vorgegebenen Menge von Wörtern, Satzteilen oder Sätzen zusammengehörige Paare bilden. Ordne zunächst die Paare zu, bei denen du dir ganz sicher bist. Dann fällt dir die Entscheidung bei den übrigen Paaren leichter.

6 *Der Text wird durch die Überschriften in drei Absätze gegliedert. Ordne nun den Absätzen die richtigen Inhalte zu.*

1. Absatz	a) Hier werden Maßnahmen erläutert, mit denen man den Klimawandel aufhalten kann.
2. Absatz	b) Die Gründe für den Klimawandel werden in diesem Abschnitt benannt.
3. Absatz	c) Dieser Abschnitt handelt von den Folgen des Klimawandels.

7 *Verbinde die zusammengehörigen Begriffe miteinander. Orientiere dich am Beispiel.*

(1) mehr Kohlendioxid	a) ansteigender Meeresspiegel
(2) mangelnde Nahrung	b) Dürre
(3) Klimawandel	c) Veränderung der Durchschnittstemperatur
(4) Wassermangel	d) Umsiedlung der Tiere
(5) Abschmelzen der Pole	e) Verstärkung des Treibhauseffekts

Kurzantworten

TIPP

Bei manchen Aufgaben musst du mit eigenen Worten eine **Kurzantwort** geben. Formuliere dabei genau, aber kurz und knapp. Antworte im ganzen Satz und **begründe** oder **erläutere** deine Antwort. Verwende dabei **Satzgefüge oder Satzreihen mit Konjunktionen** (z. B. *weil, da, obwohl, denn*).

8 *Stimmst du den folgenden Aussagen zu? Kreuze zunächst eine der vorgegebenen Antworten an. Notiere dann deine Begründung auf die Schreiblinien.*

a) Der Treibhauseffekt ist ein natürliches Phänomen, das den Menschen nicht weiter bekümmern muss.

☐ Ja, ich stimme der Aussage zu, weil ...

☐ Nein, ich stimme nicht zu, da ...

____

b) Der Mensch ist durch sein alltägliches Verhalten für den Klimawandel mitverantwortlich.

☐ Ja, ich stimme der Aussage zu, denn ...

☐ Nein, ich stimme nicht zu, weil ...

____

____

Einsetzaufgaben

TIPP

Bei einer **Einsetzaufgabe** musst du die passenden Wörter aus einem Wortspeicher in einen Lückentext einsetzen. Du musst genau auf den Textzusammenhang achten, um das richtige Wort auszuwählen.

9 *Fülle die Lücken mit den passenden Wörtern aus dem Wortspeicher, ohne den Text von S. 55–56 vorher noch einmal zu lesen.*

Wortspeicher

Atmosphäre Bäume und Wälder Energieverbrauch Erde Glasdach Kohlendioxid Sonnenstrahlen

In unserer ______________________ gibt es eine Schicht aus verschiedenen Gasen. Diese Schicht hat einen ähnlichen Effekt wie das ______________________ eines Treibhauses. Die ______________________ können durch diese Schicht hindurch auf die Erde dringen. Die auf der ______________________ produzierte Wärme kann jedoch nicht nach oben entweichen, sodass unser Planet erwärmt wird.

Durch den stark gestiegenen ______________________ auf der Erde wird der Treibhauseffekt verstärkt.

Der Anteil von ______________________ in der Luft ist stark gestiegen und kann deshalb kaum mehr durch die ______________________ abgebaut werden.

Grammatik, Zeichensetzung und Rechtschreibung

10 *Im Folgenden siehst du drei Satzgefüge. Setze die fehlenden Kommas. Bestimme dann den* ***Hauptsatz****. Schreibe auch auf, um welche Art von Nebensatz es sich handelt: einen* ***Gliedsatz****, der ein Satzglied ersetzt (z. B. eine adverbiale Bestimmung), oder einen* ***Relativsatz****, der die Rolle eines Attributs übernimmt.*

a) Wenn weiterhin so viel Kohlendioxid in die Atmosphäre entlassen wird wie bisher, könnte der Nordpol schon in 34 Jahren eisfrei sein. = Gliedsatz + Hauptsatz.

b) Vor der englischen Küste wurden in diesem Sommer Mondfische beobachtet die eigentlich in der Nähe des Äquators zu Hause sind. = ______________________

c) Wenn man die Erdgeschichte betrachtet ist eine solche Veränderung eigentlich nichts Neues. = ______________________

d) Gleichzeitig werden große Waldgebiete vernichtet sodass es weniger Bäume gibt die das Kohlendioxid aus der Luft aufnehmen können. = ______________________

11 *„dass" oder „das"? Streiche jeweils die falsche Form von das/dass im folgenden Text.*

TIPP

„Das" kann Artikel, **Demonstrativ**- oder **Relativpronomen** sein. Das Demonstrativpronomen „das" kann durch „dieses" oder „jenes" ersetzt werden.
Als **Relativpronomen** leitet „das" einen **Relativsatz** ein. Dieser bezieht sich auf ein Bezugswort im Hauptsatz. Das Relativpronomen „das" kann durch „welches" ersetzt werden.
Die **Konjunktion** „dass" leitet einen **Inhaltssatz** ein.

Das/Dass es auf der Erde wärmer wird, ist unvermeidbar. Selbst wenn ab sofort jeglicher Ausstoß von Kohlendioxid eingestellt würde, wenn also kein Auto mehr fahren würde, das/dass Abgase verbreitet, und wenn man durch Abstellen der Kohlekraftwerke dafür sorgte, dass/das kein Rauch mehr produziert würde, selbst dann würde die Temperatur auf der Erde noch ein paar Jahrzehnte weiter zunehmen. Denn man hat festgestellt, das/dass Kohlendioxid-Moleküle träge sind und das/dass sie bis zu 200 Jahre in der Atmosphäre verweilen können.

Durch Energiesparmaßnahmen und die verstärkte Nutzung von Sonnen-, Wind- und Wasserkraft könnte der Anstieg der Treibhausgase bis 2050 halbiert werden. Dass/Das würde reichen, um die Erderwärmung unter der kritischen Grenze von zwei Grad Celsius zu halten.

Leseverstehen und Reflexion über Sprache

Lies den folgenden Liedtext und bearbeite anschließend die Aufgaben dazu.

Gänsehaut

______________________ **(1983)**

Tief im Wald, zwischen Moos und Farn,
Da lebte ein Käfer mit Namen Karl.
Sein Leben wurde jäh gestört,
Als er ein dumpfes Grollen hört:
Lärmende Maschinen überrollen den Wald,
Übertönen den Gesang der Vögel schon bald.
Mit scharfer Axt fällt man Baum um Baum,
Zerstört damit seinen Lebensraum.

Karl der Käfer wurde nicht gefragt,
Man hat ihn einfach fortgejagt.
Karl der Käfer wurde nicht gefragt,
Man hat ihn einfach fortgejagt.

Ein Band aus Asphalt breitet sich aus,
Fordert die Natur zum Rückzug auf.
Eine Blume, die noch am Wegesrand steht,
Wird einfach zugeteert.
Karl ist schon längst nicht mehr hier.
Einen Platz für Tiere gibt's da nicht mehr.
Dort, wo Karl einmal zu Hause war,
Fahr'n jetzt Käfer aus Blech und Stahl.

Karl der Käfer wurde nicht gefragt,
Man hat ihn einfach fortgejagt.
Karl der Käfer wurde nicht gefragt,
Man hat ihn einfach fortgejagt.

1 *Kreuze die richtige Aussage an.* 1 P.

Das Lied besteht aus ...

a) ☐ ... zwei Strophen und zwei Refrains.

b) ☐ ... aus zwei Strophen und einem Refrain, der einmal wiederholt wird.

c) ☐ ... zwei Strophen und einem Refrain.

d) ☐ ... aus vier Strophen.

2 *Treffen die folgenden Aussagen auf den Liedtext zu? Kreuze die richtige Aussage an.* 1 P.

a) ☐ Es geht um den Holzfäller Karl.

b) ☐ Der Käfer Karl zerstört die Blumen und Blätter.

c) ☐ Der Käfer Karl wird aus seinem Lebensraum vertrieben.

d) ☐ Das Auto, genannt Käfer Karl, lärmt durch den Wald.

3 *Welche der Aussagen sind richtig? Kreuze an.* 3 P.

Der Liedtext ...	**trifft zu**	**trifft nicht zu**
a) ... handelt von einem Käferwettbewerb.	☐	☐
b) ... macht auf die Umweltzerstörung durch den Menschen aufmerksam.	☐	☐
c) ... stellt die zunehmende Verdrängung der Natur positiv dar.	☐	☐
d) ... fordert zum Dialog mit Tieren auf.	☐	☐
e) ... erzählt von den Folgen der Umweltzerstörung durch den Menschen.	☐	☐
f) ... veranschaulicht am Beispiel des Käfers Karl, wie die Menschen den Tieren den Lebensraum nehmen.	☐	☐

4 *„Sein Leben wurde jäh gestört, als er ein dumpfes Grollen hört" – Wie lässt sich dieser Satz (Vers 3) verstehen? Kreuze die richtige Antwort an.* 3 P.

a) ☐ Karl der Käfer hört ein nahendes Gewitter heranziehen (Donnergrollen).

b) ☐ Karl der Käfer hört einen Wolf im Wald heulen.

c) ☐ Karl der Käfer hört den Lärm, den die Menschen beim Fällen des Waldes verursachen.

d) ☐ Karl der Käfer hört die anderen Käfer, die beim Fliehen aus dem Wald großen Lärm verursachen.

5 *Der Songtext trägt keine Überschrift. Welcher der folgenden Titel passt deiner Meinung nach am besten? Begründe deine Meinung in wenigen Sätzen.* 6 P.

Vorschlag A: Blumen statt Blech

Vorschlag B: Karl der Käfer

Vorschlag C: Respektiert die Natur

Vorschlag D: Fragt Karl den Käfer

Am besten passt Vorschlag: ☐

Begründung: ______________________________

____

____

6 *Vergleiche die Fotos (links) mit den einzelnen Versen aus dem Lied (rechts). Ordne die Verse den Bildern zu, die den Inhalt der Verse am deutlichsten veranschaulichen.* **6 P.**

a)

b)

c)

(1) Ein Band aus Asphalt breitet sich aus,
Fordert die Natur zum Rückzug auf.

(2) Dort, wo Karl einmal zu Hause war,
Fahr'n jetzt Käfer aus Blech und Stahl.

(3) Zerstört damit seinen Lebensraum.

(4) Karl der Käfer wurde nicht gefragt,
Man hat ihn einfach fortgejagt.

(5) Mit scharfer Axt fällt man Baum um Baum,

(6) Tief im Wald, zwischen Moos und Farn,
Da lebte ein Käfer mit Namen Karl.

7 *Finde Synonyme zu folgenden Wörtern aus dem Liedtext:* **4 P.**

„jäh" (Vers 3): ______________________

„zerstört" (Vers 8): ______________________

„einfach" (Vers 12): ______________________

„Platz" (Vers 18): ______________________

Synonyme ...

... sind Wörter mit fast gleicher Bedeutung.
Bsp.: *Energie – Kraft*

8 *In dem Liedtext wird in Vers 13 eine Metapher (sprachliches Bild) verwendet, um den Eingriff des Menschen in die Natur zu veranschaulichen: „Band aus Asphalt". Erkläre diese Metapher.* **5 P.**

____

____

9 *Fülle den folgenden Lückentext mit den passenden Wörtern aus dem Wortspeicher, ohne das Lied vorher noch einmal zu lesen.* **7 P.**

Wortspeicher

Straße Käfer Lebensraum Natur Wälder zerstören Teil

Das Lied handelt von der Zerstörung der Umwelt durch den Menschen. Beispielsweise zerstören die Menschen die Umwelt dadurch, dass sie immer mehr ______________ abholzen. In diesem Fall muss der Wald für eine ______________________ gerodet werden. Die Menschen beachten dabei zu wenig, dass sie die ______________________ und damit den ______________________ der Tiere, wie z.B. der ______________________, vernichten. Die Menschen, als ______________________ der Natur, ______________________ damit auch ihre eigene Umwelt.

10 *Wie könntest du im Alltag dazu beitragen, die Umwelt besser zu schützen?*
Bilde mit ausgewählten Konjunktionen aus dem Wortspeicher vier Satzgefüge. Schreibe in dein Heft. **8 P.**

Wortspeicher

weil | da | obwohl | wenn | obgleich | falls

11 *Der folgende Text enthält einige Rechtschreib- und Kommafehler.*
a) Streiche die falsch geschriebenen Wörter durch und schreibe sie verbessert in die Randspalte.
b) Kontrolliere die Zeichensetzung. Ergänze fehlende Kommas, streiche überflüssige. **16 P.**

VORSICHT FEHLER!

Wenn ich zum Einkaufen imer eine Tasche mitneme dann kann ich auf den kauf von überflüsigen Plastiktüten verzichten. Ich dusche nich mehr eine halbe Stunde, sondern nur 15 Minuten da ich so Wasser schparen kann! Meinen Müll werfe ich in Müleimer, weil ich sonst die Umwelt verschmuze. Ich werde meine Eltern auffordern nicht überall mit dem Auto hinzufahren, falls man auch das Fahrrad oder die öffentlichen verkehrsmittel benuzen kann.

____
____
____
____
____
____
____
____

Schreiben

12 *Gehe von folgender Situation aus: Deine Klasse hat im Deutsch- und im Biologieunterricht über das Thema „Umweltschutz – Mensch und Natur" gesprochen. Nimm zu der* ***Frage*** *Stellung,* ***ob und wie die Bürgerinnen und Bürger zur Rettung der Umwelt beitragen können****. Formuliere für einen Kurzvortrag eine Stellungnahme, in der du deine Meinung klar formulierst und sie mit drei Argumenten stützt. Dafür kannst du aus der folgenden Liste Argumente verwenden, die zu deiner Meinung passen, oder eigene Argumente anführen. Untermauere die Argumente jeweils mit einem Beispiel. Du hast dafür* ***30 Minuten*** *Zeit. Arbeite in deinem Heft.* **16 P.**

a) Die Bürgerinnen und Bürger können schon beim Einkaufen auf umweltschonende Waren achten.

b) Andere große Länder und Kontinente verschmutzen die Umwelt stark.

c) Man kann sein Reiseverhalten ändern.

f) Unser modernes Leben ist eben so eingerichtet, dass wir viel Kohlendioxid verbrauchen.

g) Klimawandel hat es schon immer gegeben, auch vor der Entstehung des Menschen.

h) Die Menschen können ihren Müll trennen, damit er wiederverwertet werden kann.

Textquellenverzeichnis

S. 30: Lessing, Gotthold Ephraim. Der Esel und der Wolf; aus: Das dichterische Werk. Bd. 1. Hg.: Herbert G. Göpfert. München: deutscher Taschenbuchverlag 1979, S. 152.

S. 34: Baron von Münchhausen: Zweites Seeabenteuer; aus: http://gutenberg.spiegel.de/?id=12&xid=266&kapitel=8&cHash=7082cebb4a2 (Stand 04.09.2009)

S.46: Die beiden Schwestern; aus: http://gutenberg.spiegel.de/index.php?id=12&xid=2349&kapitel=28&cHash=d0fffe39dfroel0465 (Stand 04.09.2009)

S. 50: M1: Nach: Cherifa Fritz: http://www.nordeifel.de/impressionen/kakus hoehle/kakushoehle.html (Stand 04.09.2009)

S. 50 : M2: Nach: Die Kakushöhle im Kartstein; aus: Heimatbuch für Kinder im Kreis Euskirchen. Bd. 1. Hg.: Verein zur Förderung des heimat bezogenen Sachunterrichts im Kreis Euskirchen e.V. Bad Münstereifel: Westkreuz Verlag 2000.

S. 55: Stefanie Wilhelm: Klimawandel: Es wird wärmer!; aus: http://www.geo.de/GEOlino/natur/52565.html; Artikel vom 22.1.2007 (Stand 04.09.2009)

S. 60: Gänsehaut: Karl der Käfer; Text: Gerald Dellmann; © Papagayo Musikverlag Hans Gerig oHG, Bergisch Gladbach.

Bildquellenverzeichnis

S. 18, 20: Thomas Schulz, Teupitz
S. 22: © Uwe Pollmann / epd
S. 26: © Yvonne Szallies / Intro
S. 42, 44: © Patrick Lux / ddp-Archiv
S. 50: Carlos Borrell Kartografie + Infografik, Berlin
S. 60: © picture-alliance / Hippocampus Bildarchiv
S. 60, 62: © picture-alliance / dpa-Report
S. 62: © picture-alliance / Okapia / Oliver Giel
S. 62: © picture-alliance / ZB

Redaktion: Caroline Stiller, Karoline Sachs
Bildrecherche: Gabi Sprickerhof
Illustration: Carlos Borrell, Berlin, Sylvia Graupner, Annaberg
Umschlaggestaltung: Katrin Nehm (Foto: Thomas Schulz)
Layoutkonzept: Katharina Wolff
Layout und technische Umsetzung: L101 Mediengestaltung, Berlin

www.cornelsen.de

1. Auflage, 4. Druck 2016

Druck: H. Heenemann, Berlin

ISBN 978-3-464-68092-6

PEFC
PEFC/04-31-1156

PEFC zertifiziert
Dieses Produkt stammt aus nachhaltig bewirtschafteten Wäldern und kontrollierten Quellen.

www.pefc.de